Die Welt erleben

OMAN & DUBAI

»Die Frau hinter dem Schleier schaute mir für einen kurzen Moment direkt in die Augen, und ich war ziemlich verunsichert. Wie sollte ich mich verhalten? Darf man dem Blick einer verschleierten Frau standhalten? Plötzlich musste ich an meine Freundin Hedwig denken, die in einem schwarzen Kleid geheiratet hatte. Das war zwar ungewöhnlich, aber überhaupt nicht verunsichernd. Also blickte ich zurück, und ich glaube, dass die Augen der arabischen Frau gelächelt haben …«

Zeno von Braitenberg

Die Welt erleben

OMAN & DUBAI

Land aus Tausendundeiner Nacht

Udo Bernhart · Zeno von Braitenberg

BRUCKMANN

Willkommen in Oman & Dubai

Seite 11 *Spiel des Windes bei gigantischem Sonnenuntergang in der Wahiba-Wüste.*
Seite 12/13 *Bei Nacht wirkt der Burj Chalifa in Dubais Downtown noch imposanter – wenn das überhaupt möglich ist.*
Seite 14/15 *Der Golf von Oman, der nordwestliche Arm des Arabischen Meeres, das über die Straße von Hormuz mit dem Persischen Golf verbunden ist.*
Seite 16/17 *Morgens um 7 … Auf dem Fischmarkt von Matrah.*
Seite 18/19 *Die Große Sultan-Qabus-Moschee in Maskat ist die größte des Landes – und sicher eine der schönsten ihrer Art*

PERSISCHER GOLF
GOLF VON OMAN
IRAN
KATAR
Doha
Straße von Hormuz
Kumzar
MUSANDAM
Khasab
Ash Sham
Limah
Ras Al-Khaimah
SULTANAT OMAN
Dibba
Sharjah
Dubai
Jumeirah
Al'Awir
Fujairah
Mina Jebel Ali
Khatmat Malahah
Shinas
Liwa
Sohar
Abu Dhabi
Sweihan
ABU AL-ABYADH
Duweihin
Jebel Dhanna
Ruwais
Al Ain
Al Buraimi
Al-Khawrah
Saham
Tarif
Khaburah
Al-Qabil
Ghayathi
Habshan
VEREINIGTE ARABISCHE EMIRATE
Hadjar-Gebirge
Birka
Seeb
Maskat
Matrah
Rustaq
Al-Qua'a
Samail
Quriyat
Al-Ayn
Tharwaniyyah
Ibri
Djebel Akhdar
Umm Hisin
Liwa-Oasen
Hamim
Kubarah
Nizwa
Izki
Fins
Wadi Shab
Bahla
Kubarah
Ibra
Wadi Tiwi
Qalhat
Ras al-Hadd
Sanawi
Sur
Wadi Rafash
Al-Mintirib
Fahud
Adam
Al-Kamil
Jibal
Wahiba-Wüste
Al-Ashkhara
SAUDI-ARABIEN
Ghaba
Khuwaimah
Ghafah-Wüste
An-Naqdah
Barik
Hilf
Masirah Channel
MASIRAH
Golf von Masirah
SULTANAT OMAN
Haima
Duqm
Muqshin
Al-Ajaiz
Umm-al-Hait-Wüste
Madrakah
Dawkah
Suqrah-Bucht
Fasad
Wadi Qitbit
Khahil
Shisr
Amal
Marmul
Shelim
Suqrah
Dhofar
Fadhi
Shuwaymiyah
Thamarir
Al-Hallaniyyat-Bucht
JEMEN
Aybut
HALLANIYYAT-INSELN
Taqah
Salalah
Sadh
Aydam
Mirbat
Raysut
Sarfayt
Hauptverkehrsstraße
sonstige Straßen
N
0
100 km

YAMAHA
ENDURO25
صيد

٨٠٠ صيد
40
Enduro

Das Land aus Tausendundeiner Nacht erleben

»Don't you ever pray?« Diese Frage brachte mich kurz aus dem Gleichgewicht. Der Mann, der da fragte, ob man denn bei uns nicht auch manchmal beten müsste, war ein freundlicher, 57-jähriger Omani, der uns im Auftrag des Informationsministeriums des Sultanats durch das Land geführt hatte. Scheich Amor, wie er vom Fahrer, dem zweiten Abgesandten des Ministeriums, ehrfürchtig genannt wurde, saß müde auf dem Beifahrersitz des geparkten Wagens und wollte eigentlich etwas anderes fragen. Unglücklicherweise stand mir und meiner Wahrnehmung in diesem Augenblick allerdings mein typisch westlich-christliches Verständnis im Wege. Irgendwie typisch für das Verhältnis zwischen dem Westen und dem arabischen Raum: Beide Seiten verharren manchmal in ihren jeweiligen kulturellen Kulissen und warten darauf, dass die beiden Welten sich von allein aufeinander zubewegen. Dabei können das Menschen im Einzelnen viel besser. Gerade heute, in einer arabischen Welt des Wandels, gerade hier vielleicht, im Sultanat Oman.

Djebel Akhdar: Der grüne Berg ist ein Theater mit kolossalen Inszenierungen, und die Dämmerung ist das Manna aller Fotografen.

As-salaamu'alaikum
Willkommen im Märchenland

Die gerade beschriebene Szene spielte auf dem Parkplatz der großen Sultan-Qabus-Moschee in der Hauptstadt Maskat. Sie war umhüllt von den Gesängen des Muezzins, der wenige Sekunden zuvor begonnen hatte, zum Abendgebet zu rufen. Als wir kurz vor Sonnenuntergang auf der Rückfahrt von einer mehrtägigen Reise in die Umgebung von Nizwa im Landesinneren bei der Moschee in Maskat Halt gemacht hatten, hatte Scheich Amor bereits freundlich, aber mit eindringlichem Unterton gefragt, wie lange es denn wohl dauern werde, bis Udo Bernhart, der Fotograf, die Außenaufnahmen der Moschee abgeschlossen haben würde. »Vielleicht eine halbe Stunde«, hatte Udo geschätzt, doch diese Spanne war nun längst verstrichen. Dabei hatte Scheich Amor seine Bitte sogar präzisiert: Bevor der Muezzin rufe, hatte er gesagt, wollte er wieder auf dem Weg sein. Und nun sang der Muezzin.

Durch das ganze Land hallte der Ruf, der die Muslime zur Einhaltung ihrer Pflicht aufruft, und er vermischte sich mit den Gesängen, die aus den Türmen der anderen Moscheen drangen.

Mehr als ein Gebet

Zu beten, das ist für Muslime keine Frage des Wollens, es ist nicht wie jenes Beten, das sich für viele Christen auf ein sonntägliches Murmeln beschränkt. Es ist vielmehr eine Meditation, die den Tagesablauf präzise gliedert. Fünf Mal täglich ruft der Muezzin. Erstmals zwischen Morgendämmerung und Sonnenaufgang, dann zu Mittag, sodann in der Mitte des Nachmittags, nach Sonnenuntergang und am späteren Abend. Und jedes Mal, wenn er ruft, muss der Gläubige mit ordentlicher Kleidung einen sauberen Ort aufsuchen, sich nach Mekka ausrichten, am besten in einer Moschee, und sich vor dem Gebet waschen. Erst die Hände, dann Zähne, Mund und Nase, Gesicht, Ohren, Unterarme, Kopf und Füße. Dieser Ablauf folgt einem festgelegten Ritus, der wohl auch die Hygiene als Hintergrund hatte. Auffällig ist: Egal wohin man in einem islamischen Land reist, ob man reiche oder arme Menschen trifft, ob man in einem einfachen omanischen Beduinenzelt oder dem prächtigen Foyer eines Luxushotels in Dubai zu Gast ist – alles ist immer sehr sauber und gepflegt. Das ist ganz im Sinne Mohammeds, denn Religion und Alltag liegen im Islam sehr nahe zusammen. Wozu der Muezzin aufruft, ist damit nicht ein Gebet im Verständnis der westlichen Welt. Wie sollte ich also auf die Frage von Scheich Amor antworten? Ja, es wird gebetet in meinem Land, aber nicht immer regelmäßig, und die wenigsten Menschen waschen sich davor? Ja, aber die christliche Religion ist nicht so fordernd und radikal, denn sie lässt den Gläubigen die Wahl, wann, wie, wo und ob sie beten wollen?
Natürlich ist das Unsinn. Scheich Amor, der in seiner blütenweißen Dischdascha, dem traditionellen und eleganten langen Kleid der Omani, vor mir steht, wartet immer noch auf eine Antwort oder wenigstens eine Reaktion. Er ist beim besten Willen kein radikaler Fundamentalist. Das sind in diesem Land überhaupt nur die wenigsten Menschen. Der Grund dafür liegt in der ganz eigenen omanischen Religionsgeschichte.

Fundamentalistisch? Aber nur demokratisch!

Die Ibaditen, die als Religionsgemeinschaft im Sultanat mit 70 Prozent den größten Teil ausmachen, können als die ersten »Fundamentaldemokraten« des Islams bezeichnet werden. Um es auf eine einfache Formel zu bringen: Der Streit um die Auslegung der islamischen Schriften begann mit dem Tod des Propheten Mohammed im Jahr 632 n. Chr. Die Frage war, woran man mehr zu glauben hatte: an die Macht des Propheten, dem Allah nach islamischer Auffassung ab dem Jahr 610 den Koran offenbart hatte, oder an den Inhalt der Schriften, die sich aus den 114 Reimversen des Koran und den anderen Überlieferungen zusammensetzen. Was zählt mehr – der Botschafter oder das Wort? Der Geist der Schrift oder jener des Propheten?
Die Sunniten glauben an die Gesamtheit der Schriften (Sunna), die Schiiten hingegen, die sich in einer eigenen Partei (Schia) gruppier-

1 *Die Moschee bei Bahla ist nur eine unter Hunderten, die zum Gebet locken. Besuchen kann man leider nicht alle.* – 2 *Sinne und Besinnung: Omanische Männer ruhen in der Regel überzeugt in Tradition und Religion.*

1

2

ten, glauben an das mystische Prinzip der erblichen Nachfolge Mohammeds. Während die Sunniten nach dem Tod Mohammeds an einer Gewaltenteilung zwischen politischem Herrscher und religiöser Doktrin festhielten, wollten die Schiiten nur Nachkommen aus der Ehe zwischen Mohammeds Tochter Fatima und ihrem Onkel als Oberhaupt akzeptieren. Fünfzig Jahre hatte dieser Streit schon gedauert, als der islamische Gelehrte Abdullah Ibn Ibadh im heutigen Irak eine neue islamische Doktrin entwickelte: die Ibadiya, die eine Art Kompromiss darstellte. Demnach sollte das Oberhaupt einer islamischen Gemeinde, der Imam, zwar gleichzeitig religiöses und weltliches Oberhaupt mit voller Regierungsgewalt sein, dafür aber als »Erster unter Gleichen« von der Gemeinschaft der Muslime (Umma) gewählt werden. Sollte sich unter den gebildeten und gelehrten Gläubigen keiner finden, der die Ansprüche des Amts erfüllte, dann sollte dieses nach Ansicht Abdullah Ibn Ibadhs unbesetzt bleiben.

Viele Muslime dieser Zeit empfanden solche Theorien als zu fortschrittlich und sogar ketzerisch. Aus diesem Grund wurden die Ibaditen gejagt und vertrieben. Viele flohen nach Libyen, Algerien und Tunesien, doch die meisten zogen in den Oman. Im Laufe der Jahrhunderte forderten die Ibaditen immer deutlicher die Ansicht, dass die zentralen islamischen Grundsätze jeweils im aktuellen und historischen Zusammenhang überdacht werden müssen. So gelten die Ibaditen heute zwar einerseits als Puristen in der orthodoxen islamischen Welt, andererseits aber als progressive Gläubige, die die Auslegung des Korans immer wieder den Zeichen der Zeit angepasst haben. In diesem Sinne ist der Oman genau das richtige Land, um sich der islamischen Welt zu nähern – einmal ganz abgesehen von den zahlreichen anderen Reizen, die dieses Land zu bieten hat!

Wüste, so weit das Auge reicht

Die Wüste in ihren verschiedenen, unterschiedlichsten Erscheinungsformen macht den größten Teil des Landes aus – von Sand über Kies bis zu Felsen. Im Westen, wo die Ölfördertürme den Stoff, aus dem der omanische Wohlstand ist, an die Oberfläche pumpen, heißt die Gegend gar Wusta.

3

Diese Provinz beherbergt auch einen Teil der großen Wüste, die sich das Land mit Saudi-Arabien teilt. Rub Al Khali heißt sie, was auf Deutsch »das leere Viertel« bedeutet. Östlich davon, beiderseits des Hadjar-Gebirges, an der Küste und dort, wo saftig grüne Oasen einen lebendigen Kontrast zur kargen Umgebung zeichnen, finden sich die meisten Dörfer und Städte.

Da ist zum Beispiel Nizwa, das im siebten Jahrhundert religiöse und weltliche Hauptstadt war und heute noch das geistige Zentrum der Ibaditen ist. Darüber thronen die Berge. Bis zu 3000 Meter reichen die Gipfel des Sonnenbergs Djebel Shems. Hier und auf dem sogenannten grünen Berg, dem Djebel Akhdar, ist man weit von den herkömmlichen Anblicken westlicher Gebirge entfernt. Kleine, ineinander verschachtelte Dörfer kauern sich entlang der steilen Hänge, umrahmt von Getreideterrassen und Bewässerungskanälen, während darunter atemberaubend schöne Schluchten den Fels durchschneiden.

Im Land der Gastfreundschaft

Egal, wohin man sich begibt im Oman, in das Landesinnere oder in die Gegenden entlang der 1700 Kilometer langen Küste, überall trifft der Reisende auf drei Dinge: Weihrauch, Dattelbäume und herzliche Gastfreundschaft.

1 *Wüstenabenteuer mit Allradantrieb werden allerorts angeboten und sind eine beliebte Freizeitaktivität in diesem Land.* – 2 *Kamele gelten als sanfte, lächelnde Tiere. Ob auf Märkten, bei Exkursionen oder bei Rennen, sie gehören zum Alltagsbild im Oman.* – 3 *Zwischen höllischer Trockenheit und paradiesischem Grün: bei Misfat.*

Das freundliche Miteinander der Menschen ist wichtig im Oman, und das landestypische Begrüßungsritual ist ein bezeichnendes Beispiel dafür. »As-salaamu 'alaikum – Friede sei mit euch« – so lautet der erste Satz, den jeder Gast zu hören bekommt.
»A'alaikum as-salaam – Friede auch mit euch«, ist die passende Antwort. Wer des Arabischen nicht mächtig ist, sollte das an dieser Stelle seinem Gegenüber schnell sagen. Denn was danach folgt, ist ein Dialog, der einige Zeit in Anspruch nimmt und ein untrainiertes Gedächtnis überfordern könnte. »Willkommen«, wird der Einheimische als Nächstes sagen und »kaif haalak – wie geht's?« Sodann würde er ins Detail gehen und nach dem Wohlbefinden der gesamten Familie fragen – egal ob er sein Gegenüber kennt oder nicht. Einzeln wird er alle aufzählen, von den Eltern bis hin zu den Geschwistern. Danach wird er fragen, welche Neuigkeiten es aus der Heimat des Gastes gibt – und darauf auch wirklich eine ausführliche Antwort und neue Erzählungen erwarten.
Scheherezade kommt einem da unweigerlich in den Sinn. Glaubt man der Legende, so rettete diese geheimnisvolle und schöne Untertanin eines despotischen Königs ihr Leben, indem sie ihm bis zum Morgengrauen Geschichten erzählte. Der Tyrann war einfach zu neugierig, wie die Märchen weitergingen, und verschonte sie. Den grausamen Befehl des Königs, dass die Frau, mit der er die vergangene Nacht verbracht hatte, zu töten sei, konnte Scheherezade damit erst einmal um tausendundeine Nacht hinauszögern – und dann wurde sie sogar die Ehefrau des Königs.

In Sindbads Reich

Keiner weiß genau, woher diese schöne Legende von Scheherezade kommt. Aber eine der Erzählungen aus Tausendundeiner Nacht, nämlich jene des tapferen Seefahrers Sindbad, wird heute mit dem Oman in Verbindung gebracht. Das ist kein Wunder, denn die Seefahrerei hat im Oman Tradition und konnte geradezu legendäre Erfolge erzielen. Ab der Mitte des siebten Jahrhunderts, also dem Jahr null islamischer Zeitrechnung, segelten omanische »Argonauten« die Strecke von Sohar nach China. Daraus erwuchs ein prosperierender Seehandel, der dem Land Reichtum, Ansehen und – ganz nebenbei – der Welt chinesische Importprodukte wie Porzellan, Edelhölzer, Gewürze und, notabene, den Kompass bescherte.
»Where is Mister Udo? – Wo ist Herr Udo?«, fragte Scheich Amor über die langsam verhallende Stimme des Muezzins hinweg. Schließlich harrte ja seine erste Frage noch immer einer Antwort. Mir war klar, dass Udo, der Fotograf, noch etwas länger warten wollte, um die sogenannte »blue hour« einzufangen. Das ist gewissermaßen das fotografische Manna, das in der ersten Dämmerung vom Himmel fällt und alle Objekte malerisch umfließt.
Einen Moment, bitte. Das fotografische Manna? Sind es nicht solche Wortschöpfungen, die spätestens seit dem 11. September 2001 in der deutschen Sprache kursieren, ohne dass man sich ihren Hintergrund vor Augen hält? Seit diesem Datum hat sich unser Verhältnis zur Welt des Orients deutlich gewandelt. Begriffe wie »Dschihad«, »Koran« und sogar »Islam« haben inzwischen einen ganz neuen emotionalen Beigeschmack. Mitunter wurden sogar Bilder von verschleierten Frauen und bärtigen Arabern spontan mit den fallenden »Twin Towers« assoziiert. Dabei enthält der Koran natürlich an keiner Stelle eine Aufforderung zum Massenmord, und selbst das Wort »Dschihad« bedeutet nicht mehr als »die Anstrengung auf dem Wege Gottes«. Das bezeichnet das vom Koran auferlegte Bemühen, dass jeder einzelne Gläubige die göttlichen Gesetze zu erfüllen habe.

1 *Der Fischerhafen von Sur in romantischster Abendstimmung.* – 2 *Auf dem Markt von Nizwa bekommt man das Mehl in seiner ursprünglichen Form zu kaufen.* – 3 *Die kleinen Gassen von Misfat entsprechen voll den Klischees, die in den Köpfen der meisten Besucher umherspuken.* – 4 *Jedem Omani steht als Geburtsrecht eine gesicherte Zukunft zu.*

2

3

4

1

In Rekordzeit in die Moderne

»Der Oman ist ein Land so alt wie die Zeit« lautet der erste Satz in der jährlich erscheinenden Broschüre, mit der sich das Sultanat der Weltöffentlichkeit vorstellt. Doch die omanischen Historiker stehen erst am Anfang ihrer Nachforschungen – es gibt da einigen Nachholbedarf.

Bis 1970 lebten die Menschen in diesem Land unfreiwillig in einer Welt des dunkelsten Mittelalters. Sultan Said ibn Taimur, der Vaters des jetzigen Regenten, interessierte sich noch herzlich wenig für die Welt um ihn herum. Es gab nur eine asphaltierte Straße im Land, die öffentliche Infrastruktur beschränkte sich auf ein Postamt, eine Krankenstation und drei Grundschulen. Die vorherrschende Atmosphäre war eine, in der die Gegenwart zur Vergangenheit und die Vergangenheit zur Zukunft gemacht wurde. Strikte Isolation prägte das politische Geschehen bis zu jenem Sommer 1970, als der damals gerade dreißigjährige Thronfolger Qabus mit einigen Vertrauten den Machtwechsel beschwor und seinen Vater ins Exil schickte.

»Ich werde so schnell wie möglich damit beginnen, euch ein Leben und eine Zukunft in Wohlstand aufzubauen«, erklärte der neue Sultan damals seinem Volk zuversichtlich. »Unser Land war einst sehr mächtig und ruhmreich. Wenn wir mit vereinten Kräften arbeiten, werden wir die ruhmreiche Vergangenheit wieder aufleben lassen und den uns angemessenen Platz in der Welt einnehmen können.«

Tatsächlich benötigte Qabus für dieses ehrgeizige Vorhaben nur 30 Jahre. Das Erdöl, das im Land zu sprudeln begann, sorgte für die nötigen Mittel. Qabus' Überzeugung, dass der neue Reichtum nicht ihm, sondern seinem Land dienen müsse, zog die entsprechende Politik nach sich: Der Regent ließ Straßen, Schulen und Krankenhäuser bauen, setzte sich für die Gleichberechtigung der Frau im Alltag und am Arbeitsplatz ein, gründete eine Universität und schrieb eine moderne Verfassung. Damit, und mit der sich verbreitenden optimistischen Stimmung, lockte er zahlreiche ausgewanderte Omanis in ihr Heimatland zurück. Heute ist die Bevölkerungszahl auf fast zweieinhalb Millionen angestiegen, das Bruttosozialprodukt liegt bei über 22 Milliarden Euro. Ein Herrscher wie im Märchenbuch, ein Sultan wie im orientalischen Traum?

Natürlich ist auch das wahr: Sultan Qabus besitzt mehr als ein halbes Dutzend prachtvoller Paläste, und es ranken sich Gerüchte um seinen kleinen, luxuriösen Privat-Jumbo, der mit Schwimmbad und goldenen Armaturen ausgestattet sein soll. Aber böse oder neidisch ist dem Sultan kein Omani. Zu kurze Zeit liegt das Mittelalter zurück, zu viel hat Qabus in seiner Amtszeit für das Land getan. Scheherezade hätte alleine mit dieser Geschichte noch eine ganze Nacht verbringen können …

»The Muezzin stopped calling – Der Muezzin hat aufgehört zu singen«, sagte Scheich Amor tonlos in die Stille hinein, und plötzlich fiel mir die Antwort auf seine erste Frage ein. Sein Pflichtbewusstsein und das Gebot der Gastfreundschaft hätten es Scheich Amor nie gestattet, selbst den Vorschlag zu machen, sich für das Gebet zurückzuziehen. Darin lag die ganze Zeit sein Dilemma. »Wenn ich könnte«, beteuerte ich, »würde ich jetzt gerne mit Ihnen zum Abendgebet gehen. Aber ich habe gehört, dass es nur Muslimen erlaubt ist, dabei zu sein. Gehen Sie ruhig, der Fotograf braucht noch etwas Zeit.« Dankend nahm Scheich Amor das Angebot an. Wir vereinbarten, uns später an dieser Stelle wieder zu treffen – und ich hatte etwas dazugelernt.

1 *Wie eine Rakete mutet der gigantische Burj Chalifa an.* – 2 *Schon das Plastikmodell des zukünftigen Jumeirah Emirates Towers Boulevard fasziniert.*

Seite 30/31

1 *Die omanischen Mädchen sind auch beim Spielen mit ihresgleichen stets in Schleier gehüllt.* – 2 *Zu festlichen Anlässen lassen die Frauen ihre Hände kunstvoll mit Henna bemalen.* – 3 *Die reich geschmückten Gürtel flößen ebenso viel Respekt ein wie die Waffe, die sie bergen.* – 4 *Die Gewürzstände auf den Bazars verführen Augen und Nasen.*

1

2

3

4

ليبتون
Lipton
Taxi Parking

Maskat – die Magie der Vision

Es ist nicht immer so, aber es ist wohl bezeichnend: Der Flug von Frankfurt nach Oman macht kurz vor dem Ziel Halt in Dubai. Achterbahnfreudige Familien, verliebte Paare und unternehmungslustige Manager steigen bei dieser Zwischenlandung aus, und mit einem Mal wird es eigenartig ruhig in der Maschine. Tatsächlich entspricht dieses Bild auch ziemlich genau dem Unterschied, den es zwischen Dubai und dem Oman gibt.
Beide Länder haben vor einigen Jahren damit begonnen, sich dem Westen und dessen Menschen zu öffnen, beide befinden sich schon seit Jahrhunderten zwischen den Welten, die sie umgeben, und doch sprechen die beiden Länder heute unterschiedliche Menschen an und verbreiten zwei ganz verschiedene Duftnoten. Und so steht dem glitzernden Neuzeitimperium Dubai heute der ruhige, traditionsbewusste Oman gegenüber, und wenn die Maschine von Dubai wieder abhebt, hat man auf dem Weg nach Maskat rund eineinhalb Stunden Zeit, sich innerlich auf die sanfte Stimme von Scheherazade einzustellen.

Matrah erstrahlt im Abendlicht: Nach Sonnenuntergang lebt die Küstenstraße in diesem Stadtviertel auf.

Am Anfang eines Abenteuers

Die Moschee – das Königliche Gestüt – die Universität – Matrah

Dubai ist längst ein Ferien- und Geschäftsziel, das auch Pauschalveranstalter zu gemäßigten Preisen anbieten, billige Flüge werden »Last Minute« verkauft, immer öfter werden Dubaireisen auch als Prämie bei Preisausschreiben angeboten.
Logisch, mag man denken, zumal Dubai inzwischen den Flair eines arabischen Hongkong hat und touristengerecht den Zauber des Orients mit den Bedürfnissen der westlichen Ansprüche verknüpft. Aber was ist mit Oman? Zu sagen, das Sultanat stünde im Schatten des Emirats, wäre sicherlich falsch – und vor allem wird es dem Land in keinem Fall gerecht. Das Selbstbewusstsein gehört zum Charakter der Omani. Allein die Ankunft in der Hauptstadt Maskat hält eindeutige Zeichen dafür bereit. Am Flughafen: stoische Ruhe seitens der Zollbeamten. Dem Gast begegnen sie mit einer augenfälligen Mischung aus professioneller Gleichgültigkeit und freundlicher Überlegenheit. Wollte man in ihrem Verhalten lesen, würde man Folgendes erkennen: »Herzlich willkommen, und auf Wiedersehen bald bei Ihrem Rückflug.«
Aber das ist durchaus nicht negativ gemeint. Alles bleibt ruhig, auch dort, wo man auf Leute trifft, die vom Geschäft mit den Reisenden leben.
Wer am Ausgang des Flughafens auf aufdringliche Angebote von allerlei privaten Taxiunternehmen wartet, war zu oft in südamerikanischen und asiatischen Ländern oder in Italien unterwegs.
Hier läuft alles in gesitteten Bahnen. »Taxi?« – »Yes, Sir. Which hotel?« – »Yes, sir«. Der Preis ist selbstverständlich geregelt und den Rest der Fahrt herrscht Schweigen.
Prachtstraßen führen in die Hauptstadt, und exakt geplante Beleuchtung erhellt die Nacht.

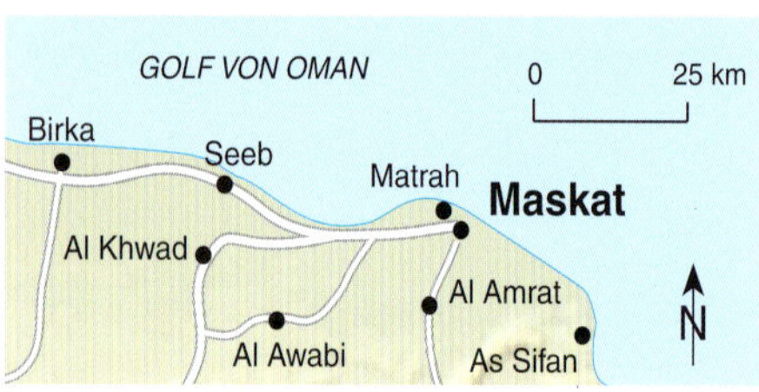

Hauptstadt auf dem Reißbrett

Schon vom Flugzeug aus kann man die neuen Straßen mit ihren ausladenden Kreisverkehren ausmachen. Deutlich ist sichtbar: Hier ist in den letzten Jahren und Jahrzehnten eine Hauptstadt entstanden, die auf dem Reißbrett gezeichnet wurde. Ganze Wohnviertel wurden in der sogenannten Capital Area wie Lego Häuschen auf den kargen Boden gesetzt. Die Häuser stammen offensichtlich aus derselben Architektenfeder: Sie sind weiß, mit hübschen Zinnen, einem Turm und einer niedrigen Mauer drumherum.
Jeder Omani, egal ob Frau oder Mann, hat im Laufe seines Lebens Anspruch auf ein Grundstück. Die Größe beschließt das zuständige Ministerium, diese hängt von der gewählten Lage ab. Der grundlegende Gedanke ist der, dass das Land eben der Bevölkerung gehört. Kein Geschenk ist das also – »Zuteilung« lautet die offizielle Bezeichnung. Immer wieder sieht man im Land als Folge dieser Regel rätselhafte Bauwerke, die ein bisschen wie Ruinen anmuten: zwei Säulen, manchmal mit einem Tor dazwischen, oder Mauerstücke, die eine Fläche definieren. Der Hintergrund: Manchmal fehlt dem Eigentümer noch das nötige Geld, um sein Grundstück zu bebauen, manchmal haben Besitzer oder Besitzerin einfach noch nicht entschieden, ob sie eines der zinsfreien Darlehen für den Bau in Anspruch nehmen oder ob sie das Grundstück verkaufen. Die Säulen und Mauerstücke stecken das Eigentum vorerst nur ab.

Besuch in der Moschee

Piep – piep – piep … Ein penetranter Signalton tönt durch das Taxi. Dabei handelt es sich um eine omanische Sicherheitsvorkehrung: Ab Werk sind alle Autos im Sultanat mit einem unbarmherzigen elektronischen Kontrollsystem ausgestattet, das nicht auszuschalten ist. Erreicht der Wagen die für die Autobahnen zugelassene Höchstgeschwindigkeit von 120 Stundenkilometern, setzt das Signal ein. Es piepst, solange der Fahrer die Geschwindigkeit nicht verringert. Unserer tut es nicht, er scheint das Geräusch überhaupt nicht mehr zu hören.
Piep – piep – piep – piep … Ich versuche, an etwas anderes zu denken, und sehe aus dem Fenster auf die vorbeiziehende Landschaft. Der Weg vom Flughafen Seeb an der nördlichen Grenze der Capital Area führt vorbei am Hangar des Sultan-Jumbos. Durch die Luken der riesigen Halle erkenne ich die Umrisse des Flugzeugs. Qabus scheint in der Hauptstadt zu sein oder zumindest nicht weit entfernt.
Piep – piep – piep … Etwas südlich leuchtet die prachtvolle Moschee im Abendlicht. Sie ist ein monumentales Bauwerk, das 40 Quadratkilometer Fläche bedeckt. Sie wurde im Mai 2001 eingeweiht. Vier Türme rahmen diese größte Gebetsstätte des Sultanats ein, dazwischen ragt ein fünfter Turm weit über die anderen hinaus: Das ist das Minarett. Ich

1 *Die Sultan-Qabus-Moschee ist ein Gotteshaus der Superlative: In ihrem Inneren finden 20 000 Gläubige Platz.*

1

2

hatte über diese Moschee schon so einiges gelesen: 20 000 Gläubige sollen auf dem 21 Tonnen schweren, handgeknüpften persischen Teppich im Inneren Platz finden. Erleuchtet wird der riesige Raum von einem gigantischen vergoldeten Lüster aus Swarovski-Kristall. Dieser hängt auf einer Länge von 14 Metern von der Kuppel. An einem der folgenden Tage würden wir versuchen, uns einer Besuchergruppe anzuschließen, die außerhalb der Gebetszeiten die Moschee besichtigen darf: Die Tore werden zu bestimmten Zeiten auch Nicht-Muslimen geöffnet. Vorausgesetzt ist freilich, man beachtet den Kleiderkodex: keine Schuhe, keine kurzen Hosen, die Damen müssen eine Kopfbedeckung tragen. Von den Schuhen einmal abgesehen, sind die Vorschriften ganz wie im Vatikan in Rom.

Das Verhältnis zum Westen

Piep – piep – piep – piep ... Trotz aller Veränderungen, die der Oman seit 1970 erlebt hat, ist das Verhältnis zu Ausländern und Touristen recht kompliziert. Natürlich sind Gäste gern gesehen, und der Sultan, der längst über alternative Einnahmequellen zum Erdöl nachdenkt, fördert mit entsprechenden Subventionen den sanften Tourismus. Aber man ist auch sehr darauf bedacht, den Massentourismus mit seinen in Hotpants und Bikinis gekleideten Besuchern zu verhindern. Als der französische Ferienanbieter Club Méditerranée nach der Jahrtausendwende das prachtvolle Land entdeckte und die Fühler nach dem Oman ausstreckte, kam er über die erste Planungsphase nicht hinaus. Nach einigem Hin und Her musste der Tourismusriese das Handtuch werfen. Ein Grund dafür war, dass die omanischen Umweltbehörden zu strenge Auflagen machten. Davon abgesehen aber lag das auch daran, dass der Sultan wusste, wie sehr wild knipsende »Billigtouristen« in Shorts seinem Ansehen unter der Bevölkerung schaden würden.

Entlang der blitzblanken Autobahn sind die Symbole der westlichen Welt dennoch deutlich sichtbar. Beim Blick aus dem Taxifenster sehe ich Lager- und Industriehallen. An den bekannten Logos und ihren Farben erkenne ich die arabischen Schriftzüge von Porsche, Coca-Cola und Pizza-Hut. Kneift man die Augen ein bisschen zu, könnte man fast glauben, irgendwo in Kalifornien zu sein. Aber ich lasse sie lieber offen.

Im Kopf gehe ich noch einmal schnell die grundsätzlichen Verhaltenstipps durch, die in den meisten Omanführern erscheinen. Man soll lange Kleidung tragen, keine Fotos von Einheimischen machen, ohne vorher zu fragen, und beim gemeinsamen Dattelessen nur die rechte Hand verwenden. Letzteres ist besonders wichtig, weil die linke Hand in früherer Zeit das Klopapier ersetzte. Gab es noch mehr? Ach ja: Häufig werde der Reisende auf Menschen treffen, die ihm zuwinken, und es sei unhöflich, den Gruß mit der offenen Hand nicht zu erwidern. Mit der rechten wohlgemerkt, denn mit der linken Hand zu winken sei eine Beleidigung. Wenn man auf dem Boden zusammensitzt, dürfe man niemandem die Fußsohlen entgegenstrecken.

Die nationale Identität

Piep – piep – piep – Stille ... Das Auto fährt langsamer, wir sind an einem der vielen Kreisverkehre angekommen. Ich erinnere mich, dass Sultan Qabus die britische Sandhurst-Militärakademie besuchte und auch dort studierte, bevor er das Ruder im Oman übernahm. Ob er die Idee der Verkehrsinseln als Alternative zu den Ampeln von dort mitgebracht hat? Als er begann, sein Land in die Moderne zu führen, holte er sich jedenfalls zahlreiche britische Berater, sowohl für das Militär als auch für die Verwaltung und natürlich die Erdölindustrie.

Piep – piep – piep – piep ... die Verkehrsinsel liegt hinter uns. Alle Verkehrsinseln im Oman sind mit landestypischen Aufbauten geschmückt. »Beautification« heißt das Schlagwort. Die meisten dieser Installationen zeigen landestypische Motive. Manchmal sieht man Modelle von Burgen, lebensgroße Gipsfiguren der neu angesiedelten

Oryx-Antilope oder überdimensionale Kaffeekannen und Krummdolche. Wie schön die »Beautification«-Exponate wirklich sind, darüber lässt sich freilich streiten. In jedem Fall sind sie aber Sinnbilder einer königlichen Überzeugung: »Wer keine Vergangenheit hat«, so sagt der Sultan zum Thema nationale Identität, »hat weder Gegenwart noch Zukunft.«

In diesem Sinne unterstützte Qabus Anfang der 1980er-Jahre auch ein Projekt, das an die

1 und 2 *Als eine der weltweit größtenMoscheen beeindruckt die Sultan-Qabus-Moschee nicht nur von außen, sondern auch durch ihre prachtvolle Innenausstattung.* – 3 *Blank poliert prangt das Wappen des Sultans am Tor des Al-Alam-Palasts.*

ruhmreiche Zeit des Seehandels im zehnten Jahrhundert anknüpfen sollte: Innerhalb von 165 Tagen ließ er einige erfahrene Handwerker nach alter Manier ein Segelschiff aus Teakholz und Kokosnüssen bauen, ganz ohne Nägel. Die »Sohar« schickte er dann unter Leitung des irischen Abenteurers Tim Severin auf die Reise ins chinesische Guangzhou. Acht Monate und 6000 Seemeilen später erreichte der Skipper mit seiner omanischen Mannschaft das Ziel. Er bewies damit, dass es möglich war, diese Strecke in einem mit Seilen zusammengehaltenen Boot zu bewältigen. Sindbad war wiederauferstanden. Heute liegt die »Sohar« als stolzestes »Beautification«-Stück auf der Verkehrsinsel in der Nähe des Al-Bustan-Palace-Hotels in einem künstlichen Teich vor Anker.

Kamele gestern, Kamele heute

Piep – piep – piep ... Die Klimaanlage im Taxi ist mörderisch kalt. Udo bittet den Fahrer auf Englisch, ob er das eisige Gebläse etwas herunterdrehen könnte. »Aiwa – ja«, sagt der Fahrer, versteht es falsch und dreht den Regler auf die höchste Stufe. Keiner von uns traut sich, einen zweiten Versuch zu wagen. Stattdessen öffne ich das Fenster und lasse die warme Abendluft herein. Der Fahrer murrt leise, vielleicht, weil die Zugluft seinen Koranvers, der vom Rückspiegel baumelt, durcheinanderwirbelt. Die einströmende frische Luft ist angenehm und mild – obwohl es laut Kalender eigentlich Winter ist. Im Sommer sind die Temperaturen nur schwer zu ertragen.

Ich betrachte unseren Fahrer. Er ist an die 50 Jahre alt. So schnell, wie sich die Zeiten hier verändert haben, ist es möglich, dass sein Vater für die Strecke, die wir gerade zurücklegen, einen ganzen Tag unter der unbarmherzig glühenden Sonne unterwegs war. Als Händler vielleicht, in einer Karawane von Kamelen.

Heute kommen Kamele im Oman fast nur noch bei sportlichen Anlässen wie Kamelrennen zum Zug. Diese finden an den Wochenenden – also donnerstags und freitags – und an den Feiertagen statt. Dann spielt sich jedesmal ein ziemlich aufregendes Szenario ab, denn die Rennen sind eine durchaus ernste Sache. Die Jockeys sind meist Kinder, die so aussehen, als wären sie auf dem Sattel festgebunden. Beim Start stehen ihre Eltern oder die Besitzer der Kamele auf der Rennbahn und springen erst zur Seite, wenn das Rennen wirklich losgeht. Wie eh und je sind die Tiere aus der Zucht der Beduinen die schnellsten im ganzen Land. Selbst die Kamele aus dem Stall des Sultans hatten bis vor kurzem keine Chance gegen sie.

Aber der Sultan wäre nicht der Sultan, wenn er das zulassen würde. Deshalb beauftragte er schließlich die Kamelbesamungsstation von Hannover, ein neues »Supergen« in seine Zucht einzuführen, und setzt seitdem darauf, dass seine Tiere zu den Gewinnern zählen.

Das Piepsen hat aufgehört. Gemächlich nimmt unser Taxifahrer die letzten Kurven hin zu unserem Hotel. Wir bezahlen den vereinbarten Preis für die Fahrt, gehen hinein und beziehen unsere Zimmer. Mein Domizil eröffnet den Blick auf den Hotelpark und dahinter auf die Corniche, die Strandpromenade der Hauptstadt. Ich sehe mich um. Worin unterscheidet sich ein Hotelzimmer in einem islamischen Land von einem westlichen?

Eigentlich gar nicht. Auf den zweiten Blick bemerke ich dann aber doch ein paar Unterschiede: Die Minibar ist versiegelt, statt der Bibel liegt der Koran in der Schublade, und auf der Ablage zeigt mir ein Pfeil, wo Mekka liegt.

Ich bin neugierig, was die nächsten Tage bringen werden, und denke einen Moment lang an die wenigen Passagiere, die zusammen mit uns nicht in Dubai ausgestiegen sind. Wer sie wohl waren und warum sie den Flug nach Maskat gebucht haben? Ich nehme mir fest vor, auf dem Rückflug am Ende unserer Reise nach genau diesen Passagieren Ausschau zu halten, und schlafe mit diesem Gedanken ein.

Al Bustan und Grand Hyatt – Traumhotels in der Hauptstadt

»Zeig mir, wie du wohnst, und ich sage dir, wer du bist«, lautet eine alte Weisheit, und meistens ist sie auch zutreffend. Sultan Qabus muss sich etwas Ähnliches gedacht haben, als er Anfang der 1980er-Jahre den Bau des »Al Bustan Palace Hotels« in Auf-

1 *Die Moschee Masjid al-Khor und das Fort Mirani (rechts im Bild).* – 2 und 4 *Rund um den Sultanspalast herrscht stets reges Treiben.* – 3 und 5 *Omanische Kontraste: Eine moderne Autobahn führt durch die archaische Landschaft.*

2

3

4

5

trag gab. Am südlichen Ende der Hauptstadtregion gelegen, ist es das Hotel, in dem die Staatsgäste untergebracht werden. Entworfen und geplant haben den Prachtpalast zwei zypriotische Architekten. Der Komplex bedeutete von Anfang an ganz bewusst den Griff nach den Sternen.

Wer sich gut bettet

Am 25. April 1983 wurde mit dem Bau begonnen, spätestens zweieinhalb Jahre später sollte er laut Plan abgeschlossen sein: Denn im Dezember 1985 wollte Sultan Qabus im »Al Bustan« das erste Treffen des Golfkooperationsrates auf omanischem Boden ausrichten. Es ist wohl unnötig zu sagen, dass die Sache wirklich gelang. Obwohl man dafür halbe Berge wegsprengen und ein ganzes Fischerdorf verlegen musste, obwohl insgesamt 70 000 Kubikmeter Beton, 7000 Tonnen Stahl und rund 800 Tonnen Marmor verarbeitet werden mussten, war der achteckige Prachtbau schon einige Monate vor dem arabischen Gipfeltreffen fertig.
Beeindruckend präsentiert sich heute die Eingangshalle des Hotels. Bevor man das Weihrauch verströmende Beduinenzelt am Eingang und die Sitzgruppen in der Mitte wahrnimmt, wird man von dem 33 Meter hohen Atrium förmlich aufgesaugt. Unwillkürlich denkt man dabei an eine Kathedrale. Die mit Spiegeln versehenen Säulen, die ein zweites inneres Achteck bilden, schießen in die Höhe und tragen eine riesige, golden schimmernde Kuppel. Rund 400 Millionen Euro soll der Bau insgesamt gekostet haben. Auf die 250 Zimmer umgerechnet sind das immerhin mehr als eineinhalb Millionen Euro pro Einheit. Aber ein echter Traum hat nun mal weder Zahlen noch Dimensionen – am Ergebnis erkennt man, dass der Sultan für die Umsetzung dieses Traums keine Kompromisse akzeptieren wollte.

Auf Schatzsuche

Ein anderer Traum, wenn auch viel privater, ist jener, der den ursprünglich aus Jemen stammenden Scheich Ahmad Farid beseelt hat. Farid, ein Spross der 700 Jahre alten jemenitischen Herrscherfamilie, floh Ende der 1960er-Jahre, als die Monarchie den Kampf gegen kommunistische Krieger verloren hatte, über die Grenze in den Oman. Von dort reiste er weiter nach England, wo er studierte. Zurück im Oman verpflichtete er sich in der Armee, um im Dhufar-Krieg gegen eben jene Banden zu kämpfen, die ihn aus seinem Land vertrieben hatten. Nach Ende dieses Krieges erlebte der Oman eine Zeit des Friedens und der wirtschaftlichen Blüte. Jetzt gründete Farid eine Baufirma, die sich angesichts der guten Auftragslage bald zur ertragreichsten des Landes entwickelte. Nebenher widmete er sich auch seinem Hobby – der Schatzsuche.
Das Grand Hyatt Regency Hotel, das im Jahr 1998 eröffnet wurde, ist die Summe all dieser Erfahrungen Farids. Kurz gesagt ist es mit 280 Zimmern und Baukosten in Höhe von etwa 130 Millionen Euro die größte private Investition der damaligen Zeit im Lande und schon deshalb ein beachtliches Traumhaus. Die feinsten Dinge aus aller Welt hat der Bauherr für seinen Märchenpalast zusammengetragen: Omanische Reliefs, jemenitische Mauerabsätze, italienische Designerlampen und österreichische Konzertflügel fallen ins Auge. Geld sollte vorerst keine Rolle spielen. Schon im Foyer wurde kein Zentimeter dem Zufall überlassen. Beherrschendes Element hier ist eine Reiterstatue, die sich in einer Stunde einmal um die eigene Achse dreht. Langsam genug, um es beim ersten Hinsehen nicht zu merken, schnell genug, um beim zweiten Blick verwirrt zu sein. Hoch über dem Reiter, der auf dem aus-gestreckten Arm einen Falken hält, glitzern die Sterne der Kuppel. Ein überraschender Effekt ist auch hier zu beobachten – die Sternbilder verändern sich kontinuierlich.
Unter den Baldachinen in der Halle konferieren arabische Unternehmer. An der Kopfbedeckung erkennt man ihre Herkunft. Es sind Saudis, Omanis, Jemeniten ... jeder fühlt sich wohl.

Bei der Eröffnungsfeier kam Scheich Farid kurzfristig in Bedrängnis. Grund war sein Hobby, die Schatzsuche. Die vom Scheich finanzierte Bergung eines Schatzes vor der Küste Omans hatte bis dahin schon einige Silbermünzen ans Tageslicht gebracht, die in den 1940er-Jahren im Auftrag eines saudischen Herrschers in den USA geprägt wurden. Die ganze Geschichte ist an der Bar auf Schautafeln und Fotos dokumentiert. Im

1 *Eines der schönsten Hotels im Oman ist das »Al Bustan Palace«, das immer wieder auch Staatsgäste beherbergt.* – 2 *Blickfang: das Foyer des Hotels.*

Jahr 1944 wurde das Transportschiff »John Barry« von einem deutschen U-Boot getroffen und versenkt. Jahrzehntelang schlummerten die Münzen in den Tiefen des Meeres, bis Scheich Farid mit der Bergung begann. So stolz war Farid auf die ersten Münzen, die aus dem Meer kamen, dass er beschloss, eine kleine Auswahl in die Theke der Hotelbar einzuarbeiten. So, dass jeder sie bewundern konnte, aber sie niemand einfach mitgehen lassen konnte.

Bei der Eröffnungsfeier sorgte die Tatsache für große Aufregung, dass die Münzen auf einer Seite mit dem Symbol für Mekka versehen sind. Einige der muslimischen Ehrengäste fanden es gar nicht angebracht, sich über diesem Symbol mit hochprozentigem Alkohol zuzuprosten. So kam es, dass sich Scheich Farid der Empörung beugte und die Silbermünzen mit großem Aufwand wieder von der Theke entfernen ließ. Stattdessen legte er vergleichsweise schmucklose Exemplare heutiger und alter Münzen aus aller Welt ein. Der Reiz, in der Bar über den Schatz und diese Geschichte zu parlieren, ist aber geblieben.

Ob »Al Bustan Palace« oder »Grand Hyatt Residence Hotel«, natürlich haben die Zimmer in beiden Hotels ihren Preis, und es gibt auch zahlreiche günstigere Unterkünfte im Land. Aber über eines besteht wohl kein Zweifel: Wenn man eine Nacht in einem der beiden Hotels verbringt, darf man sich ganz ungeniert so fühlen, als wäre man etwas Besonderes.

Wenn der Muezzin ruft

Draußen ist es noch völlig dunkel. Doch Muslime müssen Frühaufsteher sein. Bald wird die Sonne aufgehen und der Muezzin zum ersten Gebet rufen. Ich suche auf der Ablage den Pfeil mit dem Mekka-Symbol. Die Vorstellung, dass sich Millionen Menschen gerade darauf vorbereiteten, sich wie Eisenspäne nach einem Magneten in derselben Achse auszurichten, fasziniert mich. Ein ganzer Zweig der Uhrenindustrie ist weltweit auf dieser Angewohnheit aufgebaut: Armbanduhren mit eingebautem Kompass und einem entsprechenden Symbol werden in jedem islamischen Supermarkt angeboten. Aber auch Gestütsverwalter müssen Frühaufsteher sein. Jeff Lamb, ein Engländer und mit Sicherheit kein Muslim, ist der Verwalter der »Royal Stables« in Seeb, etwa eine Autostunde nördlich der Hauptstadt. Für sieben Uhr hat er uns eingeladen.

Zu Gast im Königlichen Gestüt

Während der Fahrt geht die Sonne auf, es scheint wieder ein schöner Tag zu werden. Ob das Wetter hier immer so ist? Der Fahrer erzählt uns, dass es seit drei Jahren nicht mehr geregnet hat. Umso erstaunlicher stellt sich die Anlage dar, die uns Jeff Lamb präsentiert. Perfekter könnte eine solche wohl wirklich nicht sein: grüne Rasenflächen, die aussehen, als wären sie mit einem Rasiermesser geschnitten worden, Holzzäune wie aus einer Gartenschau und blitzblank gekehrte Wege, die von den klimatisierten Boxen zur Führschule, von dort zu den Büros und weiter bis zu dem eleganten Springplatz mit seinen Palmen führen. Das Gestüt ist bei Pferdeliebhabern in aller Welt bekannt. Hier sind der Onkel des Sultans und sein Stab streng darauf bedacht, die edelsten Pferde zur Zucht zusammenzuführen. Nur zum persönlichen Plaisir Seiner Hoheit. Denn das offizielle Gestüt seines Neffen, des Sultans, aus dem die meisten omanischen Araberpferde hervorgehen, ist im Süden, in Salalah beheimatet. Hinter vorgehaltener Hand wird uns aber gesagt, dass der Onkel in Sachen Pferdezucht der größere Spezialist ist.

Jeff Lamb scheint unserem Besuch nicht gerade entgegengefiebert zu haben. Er begrüßt uns kurz, gibt uns noch Anweisungen, was wir fotografieren dürfen (das Privathaus des

1 *Im »Grand Hyatt« in Qurum wurden morgen- und abendländische Elemente harmonisch vereint.* – 2 und 3 *Auch seine Poolanlage und die Lobby bieten Luxus pur. Eine Übernachtung hier ist ein Erlebnis der besonderen Art.*

2

3

1

2

abwesenden Sultan-Onkels gehört nicht dazu), und überlässt uns dem »ersten Ritter« der Royal Stables. Mohammed Salah, der auch für das Training der Pferde verantwortlich ist, ist ein smarter und freundlicher Mann. Er trägt weiße Reithosen, Krawatte und Jackett. Zusammen mit einem zweiten Reiter hat er unter anderem die Aufgabe, die rund 15 Pferde des Gestüts regelmäßig zu bewegen. Eine Aufgabe, die auch ihn in Bewegung hält, denn nur selten dürfen ihm Außenstehende dabei behilflich sein.

Im kleinen Büro ist alles »very british«, Mohammed ist sehr zuvorkommend. Nach unserem Rundgang, auf dem ich vergeblich nach ein paar herumliegenden Pferdeäpfeln Ausschau gehalten hatte, sollen wir eine eigene kleine Vorführung bekommen. Überall hängen Urkunden und Fotos. In der Sattelkammer ist sogar ein Bild Prinz Philips zu sehen, der einst dem Gestüt einen Besuch abgestattet hatte.

Ein Geschenk des Propheten

Auf der Fahrt hierher hatte Udo versucht, mir die wichtigsten Informationen zu Araberpferden einzubläuen. Dabei lerne ich, dass die Angewohnheit, den Schweif weit in die Höhe zu strecken, bei dieser Rasse nichts mit einem bevorstehenden Verdauungsvorgang zu tun hatte, und dass Fotos von Pferden mit zurückgelegten Ohren nichts taugen. Das ist nicht wirklich genug, um eine würdige Konversation über ein so nobles Gestüt wie dieses führen zu können, aber Mohammed ist glücklicherweise ganz redselig.

Im ganzen Sultanat gibt es derzeit rund 2000 Pferde, erzählt er, davon seien etwa drei Viertel reinrassige omanische Tiere. Aber für die Klasse eines Pferdes ist die Wahl der Elterntiere das Wichtigste, nicht die reine Zuchtlinie. Auch deshalb sei man darauf bedacht, bei der Zucht in den Royal Stables auch Tiere aus anderen Ländern einzusetzen. Auf den Ursprung der omanischen Zucht sind die Patrioten dennoch besonders stolz. So soll das erste Araberpferd, das in den Oman kam, ein Geschenk des Propheten Salomo an den omanischen Stamm der Azd gewesen sein. Die Nachfahren dieses Tieres fanden im Laufe der Jahrhunderte dann auch immer wieder prominente Erwähnung, unter anderen von Marco Polo, der schon im 13. Jahrhundert vom Export arabischer Pferde aus Qalhat und Dhofar berichtete.

Der Spring- und Turnierplatz könnte, von den Dattelbäumen einmal abgesehen, auch irgendwo im königlichen England stehen. Schneeweiße Tribünen umrahmen die Manege. Darin stehen einige Hindernisse, den Sand durchlaufen präzise gekämmte Rillen. Die Vorführung beginnt. Udo ist mit seiner Kamera in Position, die beiden Reiter setzen ihre Pferde in Bewegung. Von einem der billigeren Plätze versuche ich auszumachen, in welche Richtung die Pferde ihre Ohren und ihren Schweif strecken. Alles scheint seine Richtigkeit zu haben.

Wo einst Dattelbäume standen

Als sich Jeff Lamb neben mich setzt, denke ich noch schnell über eine kluge Bemerkung zum Gestüt nach, aber mir fällt nichts ein. »Schöne Pferde«, sage ich lahm. »Kann sein«, sagt Jeff Lamb, »aber in Zuchtfragen kenne ich mich nicht so aus, da müssen Sie mit Mohammed sprechen. Ich bin nur für die Anlage verantwortlich.« »Schöne Anlage«, antworte ich, und das Eis ist gebrochen. Stolz erzählt er, dass der riesige Komplex inklusive des eleganten königlichen Wohnhauses in nur 77 Tagen entstand. Früher standen hier drei Dattelplantagen. Heute gehöre die Anlage zu den fünf besten weltweit. »Es wird mir schwer fallen«, sagt er dann, »mich von alledem zu verabschieden.« »Verabschieden?« Nach 17 Jahren ziehen er und seine Familie nun wieder nach Großbritannien zurück. Die Privatschulen im Oman

1 *Auf der Anlage, auf der das Königliche Gestüt sein Zuhause gefunden hat, trifft omanischer Luxus auf das Flair eines englischen Reitclubs.* – 2 *Für das Training der wertvollen Vierbeiner finden sich hier optimale Bedingungen.* – 3 *Mohammed Salah, der erste Bereiter der Royal Stables, war einst der beste Springreiter des Landes.*

seien teuer, und seine Kinder hätten in ihrem Leben noch nie echten Schnee gesehen. »Wird ein komisches Gefühl sein«, sagt er, »künftig ohne dieses Klima, die Dattelbäume und die Wüste zu leben. Aber der Entschluss ist gefasst, wir ziehen zurück.« Schweigen. Ich frage mich, ob die Privatschulen im Oman wirklich teurer sind als jene in Großbritannien. Aber ich beschließe, nicht weiter nachzubohren. Vermutlich gibt es für Jeff Lamb und seine Familie nach all den Jahren auch noch andere Gründe, in

ihre Heimat zurückzukehren. Trotz aller Sehnsucht, die dem Mann ins Gesicht geschrieben steht, trotz der beruflichen Reize, die sein Job im Dienste Seiner Majestät sicherlich mit sich brachte, vielleicht vermisst man nach 17 Jahren auch die vielen simple Dinge, die es in einem islamischen Land nicht gibt. Einen Pub zum Beispiel, oder ein Bier? Ob er schon weiß, was er zu Hause machen werde? »Keine Ahnung«, sagt Jeff Lamb. Aber dann fällt ihm doch eine Sache ein: »Fliegenfischen!«, und seine Augen leuchten auf.

Wenig später, als die Araber mit ihren gespitzten Ohren abfotografiert sind, entdecken Udo und Mr. Lamb, dass sie in Sachen Fliegenfischen ein gemeinsames Steckenpferd haben. Bis wir abgeholt werden, dreht sich alles nur mehr darum. Jeff Lamb mag ein Frühaufsteher sein, aber wohl nicht allein wegen des Gestüts.

Nächster Halt: Universität

Die gerahmte Tafel mit dem Spruch hängt neben Fotos und einem Gemälde der Sultan-Qabus-Universität in der Eingangshalle der technischen Fakultät. In englischer Sprache steht dort geschrieben: »Sag es mir, und ich werde es vergessen, zeig es mir, und ich werde mich erinnern, lass es mich versuchen, und ich werde es verstehen.« Das ist ein guter Leitsatz für eine Universität, denke ich mir, und frage mich, wer der Autor dieses Satzes ist. Leider ist die Tafel nicht gekennzeichnet. Wir sind mit Dr. Saif Abdullah Al-Hiddabi verabredet, einem der Dozenten in der Technischen Fakultät. Begleitet werden wir von Ali, der im Auftrag der Universitätsverwaltung dafür Sorge tragen soll, dass wir nur das sehen, was wir sehen sollen.

Saif ist ein verschmitzter, neugieriger Mann. Am 9. November 1986, als die Universität eröffnet wurde, war er einer der ersten Studenten, die sich an der neuen Universität einschrieben. »Es war schon eigenartig«, erinnert er sich, »das riesige Gelände war am Anfang fast menschenleer. Jeder kannte jeden, und man konnte lange durch die Anlage spazieren, ohne jemanden zu treffen.«

Fünf Studienrichtungen gab es damals in der Richtung Mekka angelegten Universität. Pädagogik und Islamische Erziehung, Medizin, Naturwissenschaften, Agrarwissenschaften und eben »Engineering«, die Technische Universität. Später kam noch Kunst dazu und 1993 dann die Wirtschaftsfakultät. Heute sind in allen Fakultäten zusammen knapp 10 000 Studenten immatrikuliert. Es sind übrigens ebenso viele Frauen wie Männer, nur fächerspezifisch unterschiedlich verteilt.

Die Überzeugung zählt

Von Anfang an war die Hochschule ein ehrgeiziges Projekt. »Diese Universität«, sagte der Sultan einmal, »wurde in dem Bestreben gegründet, im weltweiten Vergleich auf höchstem Niveau zu unterrichten. Das ist die Wahrheit und nicht bloße Angeberei, und wir werden das Niveau halten.« Natürlich haben Leute wie Saif auch im Ausland studiert. Nach seinem Abschluss 1990 ging er in die USA, um sich dort zu habilitieren. Internationaler Austausch sei besonders wichtig, sagt er, ebenso wie der internationale Vergleich. Um sich dem Wettbewerb zu stellen, beteiligen sich seine Studenten auch an einem Projekt zum Bau eines Solarautos. Klar, dass eine solche Idee enthusiastisch aufgenommen wird. Saif führt uns an den technischen Labors und Unterrichtsräumen vorbei. Wir gelangen in ein kleines Zimmer, in dem die Solarauto-Projektgruppe arbeitet. Ein paar Stoßstangen stehen herum, erste Entwürfe von Plänen, zahlreiche Publikationen zum Thema und ein alter Autoreifen. Saif lächelt milde. »Noch sind wir am Anfang, aber das wird schon.«

Vor dem kleinen Arbeitsraum steht eine Gruppe japanischer Kollegen. Sie arbeiten mit der Sultan-Qabus-Universität an einem anderen Projekt zusammen. Auch dabei geht es um Sonnenenergie. Die Verständigung ist schwierig, denn keiner der Japaner scheint gut Englisch zu sprechen. Ich frage mich, ob der Universitätsalltag und die ständigen Kontakte mit Menschen aus anderen Kultur-

1 *Bei der Eröffnung der Sultan-Qabus-Universität in Maskat 1986 war der Unterricht hier ausschließlich Männern vorbehalten. Seit mehr als zehn Jahren aber besteht die Hälfte der Studenten aus Frauen.* – 2 *Die Universität war ein Herzensanliegen des Sultans gewesen.* – 3 *Aufmerksam folgen Studenten der Technischen Fakultät der Vorlesung.*

2

3

1

kreisen auf Dauer nicht auch eine islamische Gesellschaft verändern. Unabhängig voneinander erhalte ich darauf zwei verschiedene Antworten.
»Nein«, sagt Ali. Es gebe zwar nicht mehr so strenge Vorschriften, aber es sei eine Sache der Überzeugung. Deshalb sehe man auch immer noch öfter Männer mit den traditionellen weißen Dischdaschas, und deshalb trügen die Frauen auch immer noch schwarze Kleider und einen Schleier. Auch wenn die modischen hellblau oder pink gefärbten Gewänder bei den Männern inzwischen toleriert werden.

Die Universität ist zum Studieren da

»Die Universität ist zum Studieren da«, sagt Ali noch dazu, »und wenn ich höre, womit Studenten bei euch ihre ersten Semester verbringen und wie oft es an Ihren Universitäten zu sexuellen Übergriffen kommt, frage ich mich, ob unser System nicht das bessere ist.« Und Saif sagt: »Natürlich, die Universität wird ihre Auswirkungen haben. Allein schon, was die Vielehen anbelangt.« Wenn die Studentinnen und Studenten erfahren, was es bedeutet, ein Studium zu absolvieren, könne er sich nicht vorstellen, dass sie Lust haben, eine große Familie mit mehreren Frauen und vielen Kindern zu gründen. Hinzu kommen die ausländischen Studienaufenthalte, die ihren Teil zum Wandel beitragen.
Wie auch immer. Tatsache ist, dass die Bibliotheken der Omanischen Uni nach Geschlechtern getrennt sind, dass man auf dem Campus keine gemischten Gruppen antrifft und dass die wenigsten Studenten länger studieren, als es der Studienplan vorsieht. Sag es mir, und ich werde es vergessen, zeig es mir, und ich werde mich erinnern, lass es mich versuchen, und ich werde es verstehen.
Saif muss in seine Vorlesung. Bevor wir uns verabschieden, frage ich ihn noch, ob er weiß, von wem der Sinnspruch in der Eingangshalle der Technischen Universität stammt. »Ich kenne den Spruch von irgendwoher«, sage ich, »aber ich weiß nicht mehr woher.« Saif lächelt. »Ich weiß es auch nicht«, sagt er. »Wahrscheinlich hat jemand den Satz zu Ihnen gesagt.« Später versuche ich selbst einen halben Vormittag lang, den Verfasser der Weisheit zu recherchieren. Am Ende habe ich Glück: Er stammt von dem chinesischen Lehrer und Philosophen Konfuzius. Ein guter Satz, denke ich, und eine lehrreiche Universität.

Maskat und Matrah, die neue Altstadt

Um vier Uhr nachmittags sind wir mit Abdullah vom Informationsministerium verabredet. Er will uns die wichtigsten Sehenswürdigkeiten in der Hauptstadt zeigen. Vor vier Uhr, hatte Abdullah gesagt, sei noch nichts los. Aber was genau ist die Hauptstadt? Wer sich mit dem Auto der Capital Area nähert, wird vergeblich nach Wegweisern zur Hauptstadt suchen. »Matrah« liest man häufig, »Ruwi« ebenfalls, aber erst wenn man schon in der Stadt ist, sieht man Schilder, die nach »Maskat« weisen. Tatsächlich ist das ein bisschen verwirrend. Wie vieles hängt auch das mit dem Aufbruch des Sultanats in die Moderne zusammen.
Der Regierungsbezirk Maskat erstreckt sich heute auf einer Strecke von 50 Kilometern von der Stadt Seeb im Nordwesten bis zum Fischerhafen Quriat im Südosten. Aber da die einzelnen »Stadtteile« der Capital Area einst eigene Dörfer waren, hat man die alten Namen einfach beibehalten und sie zum Teil neu gestaltet. Denn als Sultan Qabus 1970 begann, einen neuen Flächennutzungsplan für die Hauptstadtregion umzusetzen, war der Erhalt der alten Bausubstanzen nicht das oberste Ziel. Vielmehr wollte er eine moderne, effiziente Hauptstadt errichten, mit amerikanisch anmutenden Einkaufszentren, repräsentativen Ministerien und einladenden Museen (Qurum), mit einem neuen Verwaltungs-, Botschafts- und Geschäftsviertel (Ruwi) und natürlich mit dem Regierungsbezirk und dem Sultanspalast in Maskat. Dorthin führt uns Abdullah zuerst.

Die Zukunft im Auge

Der Fahrer schlängelt sich durch ein Labyrinth von Einbahnstraßen – diese Fahrt scheint mir die Entwicklung des Landes zu symbolisieren. Vorwärts sollte es gehen und nie zurück. Das alte Maskat sah der Sultan als Sinnbild der zu überwindenden Isolation und Rückständigkeit. Gerade hier, wo vor 1970 noch Sonnenbrillen, Fahrräder, Radios und anderes »dekadentes« Zeug verboten waren. Hier, wo die Stadttore bei Einbruch der Dunkelheit geschlossen wurden. Hier, wo jeder, der vor Sonnenaufgang unterwegs war, von Gesetzes wegen eine Laterne tragen

2

1 *Nach Sonnenuntergang lebt die Küstenstraße im Viertel Matrah auf und wird zu einer wahren Flaniermeile.* – 2 *Die ganze Vielfalt des Orients lässt sich auf den Souks in Maskat hervorragend besichtigen.*

musste ... Hier also sollte ein sichtbares Zeichen der Erneuerung gesetzt werden. Also ließ Qabus den größten Teil der Altstadt schleifen, ließ ein neues, immer offenes Stadttor bauen und Flutlichter installieren, welche die beiden portugiesischen Festungen Mirani und Djalali sowie den Sultanspalast allabendlich in festliches Licht tauchen. Abdullah trägt eine Sonnenbrille. Beim Sultanspalast steigen wir aus und sehen uns die kleine Hafenbucht an. Oben thronen die beiden Festungen, dazwischen residiert Qabus. Über den Ursprung der Hafenstadt Maskat ist heute relativ wenig bekannt. Laut der Legende wurde die Stadt von Händlern aus dem heutigen Jemen gegründet. Die erste urkundliche Erwähnung aus dem zehnten Jahrhundert stammt allerdings aus der Feder des arabischen Geografen Al Hamadhani. Die Blütezeit der Stadt begann aber erst im 15. Jahrhundert, als die Herrscher von Hormuz erkannten, dass die von Bergen geschützte Bucht sehr gut als Hafen dienen konnte. In der Folge bauten sie ein florierendes Imperium. Allerdings sollte dieses nicht lange überleben. Im Jahr 1507 eroberte Alfonso de Albuquerque mit seiner Flotte Maskat und begann damit das noch heute erkennbare portugiesische Intermezzo. Nicht ganz 150 Jahre blieben die Portugiesen an der Macht, dann wurden sie von den Persern vertrieben. Sie hatten aber Zeit genug gehabt, um im ganzen Land architektonische Spuren zu hinterlassen. Doch das war zu wenig, um das Land völlig neu zu prägen. Was sich unter keinem Herrscher änderte, war die Bedeutung des Hafens von Maskat. Dieser war bis Mitte des 19. Jahrhunderts, als die omanischen Seehändler Konkurrenz aus anderen arabischen und europäischen Ländern bekamen, eine militärische und handelspolitische Drehscheibe im Bereich des Indischen Ozeans. »Dort drüben, auf der anderen Seite der Bucht«, erklärt Abdullah und nimmt seine Sonnenbrille von der Nase, »sieht man noch die Autogramme der Seeleute, die mit ihren Booten hier für die Zollkontrolle vor Anker lagen«. Eine Tradition, die sich lange gehalten haben muss. Die bis zu fünf Meter hohen Lettern auf den Klippen nennen Bootsnamen und Ankunftszeiten auch aus jüngerer Zeit. Wer allerdings heute versucht, in diese Bucht zu segeln und sich unangemeldet in das felsige Gästebuch einzutragen, blickt in die Mündungsrohre der modernen Artillerie, die vor dem Palast installiert wurde.

1

Das neue Matrah

Ich frage Abdullah, ob der Sultan zurzeit in der Hauptstadt ist. »Nein«, antwortet er, »Qabus ist dieser Tage auf einer seiner Meet-the-people-Tour im Süden des Landes.« Beim Stichwort »Leute kennen lernen« meint er, es werde Zeit, sich in Matrah auf dem Souk, dem traditionellen Basar, unter die Leute zu mischen. Hier fällt mir ein Zitat der österreichischen Weltreisenden Ida Pfeiffer ein. »Hinter Maskat«, schrieb die unermüdliche Beobachterin in ihr Tagebuch, »erstreckt sich ein langes felsiges Tal. Darin findet sich ein Dorf mit mehreren Gräbern und (welch wunderbare Sache!) ein kleiner Garten mit sechs Palmen, einem Feigen- und einem Granatapfelbaum. Dieses Dorf heißt Matrah und ist größer und dichter bevölkert als Maskat.« Gut, nach dem kleinen Garten und dem Granatapfelbaum sucht man in Matrah heute vergeblich. Im Gegensatz zu Maskat und den anderen Teilen der Hauptstadt ist Matrah aber auch heute noch eine historisch gewachsene Siedlung. Natürlich hat auch hier der stadtplanerische Fortschritt Einzug gehalten, und so musste unter anderem etwa eine alte Trutzburg am westlichen Ende der Bucht dem neuen Containerhafen »Mina Qabus« weichen. Aber entlang der malerischen Küstenstraße im Zentrum kann man noch einige Eindrücke der Ida Pfeiffer erleben. Zum Beispiel die mit filigranen Schnitzereien versehenen Handelshäuser aus dem 19. Jahrhundert. Unverkennbar ist: Ihre Bauherren stammten aus dem indischen Kulturkreis. Sie waren ur-

1 *In aller Pracht und mit viel Brimborium wird jedes Jahr am 23. Juli der omanische Nationalfeiertag gefeiert.* – 2 *Dann zeigt sich auch der Sultan seinem Volk und bietet die äußerst seltene Gelegenheit, ihn einmal live zu sehen.* – 3 *Die ganze Bevölkerung Maskats ist an diesem Tag zugegen und feiert ihr Land.*

2

3

1

2

3

sprünglich pakistanische Schiiten, die etwa im 18. Jahrhundert in den Oman kamen und bald zu den erfolgreichsten Händlern im Lande zählten. Weil sie zudem in ihrer Glaubensgemeinschaft als Khodjas zusammengeschlossen waren, lebten sie immer von der restlichen omanischen Bevölkerung abgeschirmt in diesem Teil von Matrah.

Was das Herz begehrt

Ganz in der Nähe ist der Eingang zum Souk, dem Basar. »Da gehen wir hin«, sagt Abdullah. »Dieser Souk«, erklärt uns Abdullah, »ist der größte und wichtigste im Land.« Dazu muss man sagen, dass auch der Souk nicht mehr in seinem ursprünglichen Zustand ist. Er ist nämlich vor Jahren abgebrannt. Was an Stelle des alten Marktes entstand, lässt aber dennoch nichts vom Flair der orientalischen Basare vermissen. Zudem ist es sehr gemütlich, unter dem aus Palmblättern geflochtenen Dach zu flanieren. Zu sehen und zu kaufen gibt es hier alles, was das Herz begehrt. Geschäftstüchtige Inder und Pakistani bieten viel Nippes und Plastikzeug feil. Daneben sitzen die viel gelasseneren Omani, die vor ihrem Angebot an Seidentüchern, Gewürzen, Gewändern oder Schmuck einfach darauf warten, dass ein interessierter Kunde sie anspricht.
In einer kurzen Pause, als wir einen vor lauter Gold glänzenden Laden passieren, hat Udo ein Frage: »Welche Bedeutung hat denn eigentlich der Schmuck im Oman? Fast alle Frauen sind doch verschleiert und man kann durch den Schleier kaum einen Ohrring oder eine Halskette erkennen.« Die Antwort hat Abdullah sofort parat. Schmuck sei eben etwas sehr Persönliches. Wenn ein Mann seiner Frau oder Freundin einen Ohrring schenke, bedeute das noch lange nicht, dass sie ihn gleich zur Schau trage. Außerdem gebe es Dinge, die man nur zu besonderen Anlässen trägt. Den traditionellen Kopfschmuck zum Beispiel. Der sei überhaupt nur für den Hochzeitstag und vielleicht für besonders private Stunden. Ob er verheiratet sei, fragen wir. »Ja«, sagt er. »Mit wie vielen Frauen?«, frage ich, und Abdullah lacht. »Mit einer.« Dann aber erzählt er, dass sein Onkel drei Frauen habe und dass es in erster Linie eine Frage der Finanzen sei. Denn schließlich müsse man jeder Frau, die man heiratet, einen gesetzlich festgelegten Mindestbetrag übergeben, der dann auch nur ihr gehört. Das könne sich nicht jeder leisten. Sein Onkel, ja, der sei eben reich, und jede seiner Frauen habe eine eigene Wohnung.
Abdullah spürt unsere Neugierde und stellt sich geduldig den Fragen. Ob er denn eine zweite Frau heiraten würde, wenn er es sich leisten könnte? »Ja«, sagt er und wiegt den Kopf hin und her. Doch was würde seine Frau sagen, wenn er ihr sagte, dass er eine weitere Frau heiraten möchte? Da muss Abdullah wieder lachen und ist augenscheinlich froh, dass sein Handy klingelt. Vielleicht ist es ja seine Frau, denke ich mir. Aber das Thema ist zu diesem Zeitpunkt abgeschlossen.

Duft in Ziffern

In einer Parfumerie am Rande des Basars fragen wir nach »Amouage«, dem teuersten Parfum der Welt. Die Ingredienzien, die der Franzose Guy Robert für diese Kreation verwendet, stammen großteils aus dem Oman: Weihrauch, Myrrhe, Jasmin- und Rosenöl, Aprikose, Zitrone, Birne und natürlich viele andere Wohlgerüche ergeben ein Parfum, dessen Zubereitung die Franzosen wie ein Geheimnis hüten. Wir haben Glück und erhalten einen Tropfen »Amouage« auf die Hand. Nach Maiglöckchen soll es riechen, was allerdings im Wirrwarr der Duftschwaden des Geschäftes kaum auszumachen ist. Lieblich ist der Duft aber allemal. Rund 150 Euro kostet ein Fünzig-Milliliter-Fläschchen. Wer es noch edler haben will, bekommt es auch für 800 Euro in einem mit Silber und Gold überzogenen Flakon.

Omanische Freizeit

Langsam belebt sich die Straße. Junge Familien und Männer flanieren Hand in Hand über die Strandpromenade, andere sitzen auf den Mäuerchen oder spazieren durch den Souk. Alles ist sehr beschaulich und ruhig, das ist das normale Freizeitprogramm der Omanis. »Eigentlich«, sagt Abdullah, »ist hier nie besonders viel los.« Eines Tages, sagt er dann, wolle er ein eigenes Unternehmen aufmachen. Am liebsten ein Internetcafé. Die

Zeit sei günstig, es gebe immer mehr Touristen, und den Job beim Ministerium wolle er sowieso nicht sein ganzes Leben lang machen. Den hätte er auch nur, weil zu der Zeit, als er sein Studium beendet hatte, jeder Absolvent eine Anstellung in der öffentlichen Verwaltung bekam. Heute dagegen fördere der Sultan besonders die Eigeninitiative seiner Untertanen. Ganz besonders, wenn sie neue Unternehmen gründen und für weitere Arbeitsplätze sorgen wollten. Ein bisschen unterhalten wir uns noch, dann ist es Zeit zu gehen. Der Fahrer will nach Hause. Morgen müssen er und Abdullah und die meisten Omanis wieder früh aufstehen.

1 und 2 *Die Souks in Maskat sind Handelszentren für Waren aller Art. Verhandlungen sind hier fast immer noch reine Männersache.* – 3 *In den Läden des Souks blitzt und blinkt es in allen Ecken.* – 4 *Bei einer solchen Fülle von Farben, Formen und Gerüchen lohnt es sich, mit allen Sinnen dabei zu sein und durch die Geschäfte zu streifen.*

Seite 54/55
Prachtvoll und kunstsinnig geht es in allen Anlagen der königlichen Familie zu, so natürlich auch im Königlichen Gestüt.

1

2

1 *Die Feier zum Nationalfeiertag, dem Geburtstag des Sultans, wird mit hochoffiziellen Veranstaltungen begangen.* – 2 und 3 *Die bunten, edlen Gewänder der Teilnehmenden versetzen die Zuschauer in einen wahren Farbenrausch.*

1 *Der Hafen von Maskat, jahundertelang ein handelspolitisch und militärisch strategischer Andockpunkt, wird von einem Denkmal in Form eines Weihrauchgefäßes überragt.* – 2 *Unterwegs in der Umgebung von Maskat: Erst Sultan Qabus ließ ein modernes Straßennetz bauen.* – 3 *Auch der Nachbau des legendären »Sohar« ist ihm zu verdanken: ein Schiff ganz ohne Nägel!* – 4 *Edelnorm: Neubauten am Strand von Maskat.*

Seite 60/61
1 *Westliche Mode trifft omanische Tradition, spielerisch und in zartem Alter.* – 2 *Besonders Mädchen lieben die Zeremonien zum Nationalfeiertag, dürfen sie sich dann doch wirklich einmal wie kleine Prinzessinen anziehen.* – 3 und 4 *Der festliche Kopfschmuck wird nur zu speziellen Anlässen getragen, ansonsten bestimmt der traditionelle – und freiwillig getragene – Tschador das Bild.*

Seite 62/63
Das Luwatiya-Viertel in Matrah ist ein architektonisches Zeugnis der Handelstradition des Oman. Solche kunstvoll geschnitzten Holzbalkone zieren die Häuser indischstämmiger Händler.

1

2

3

4

1

2

3
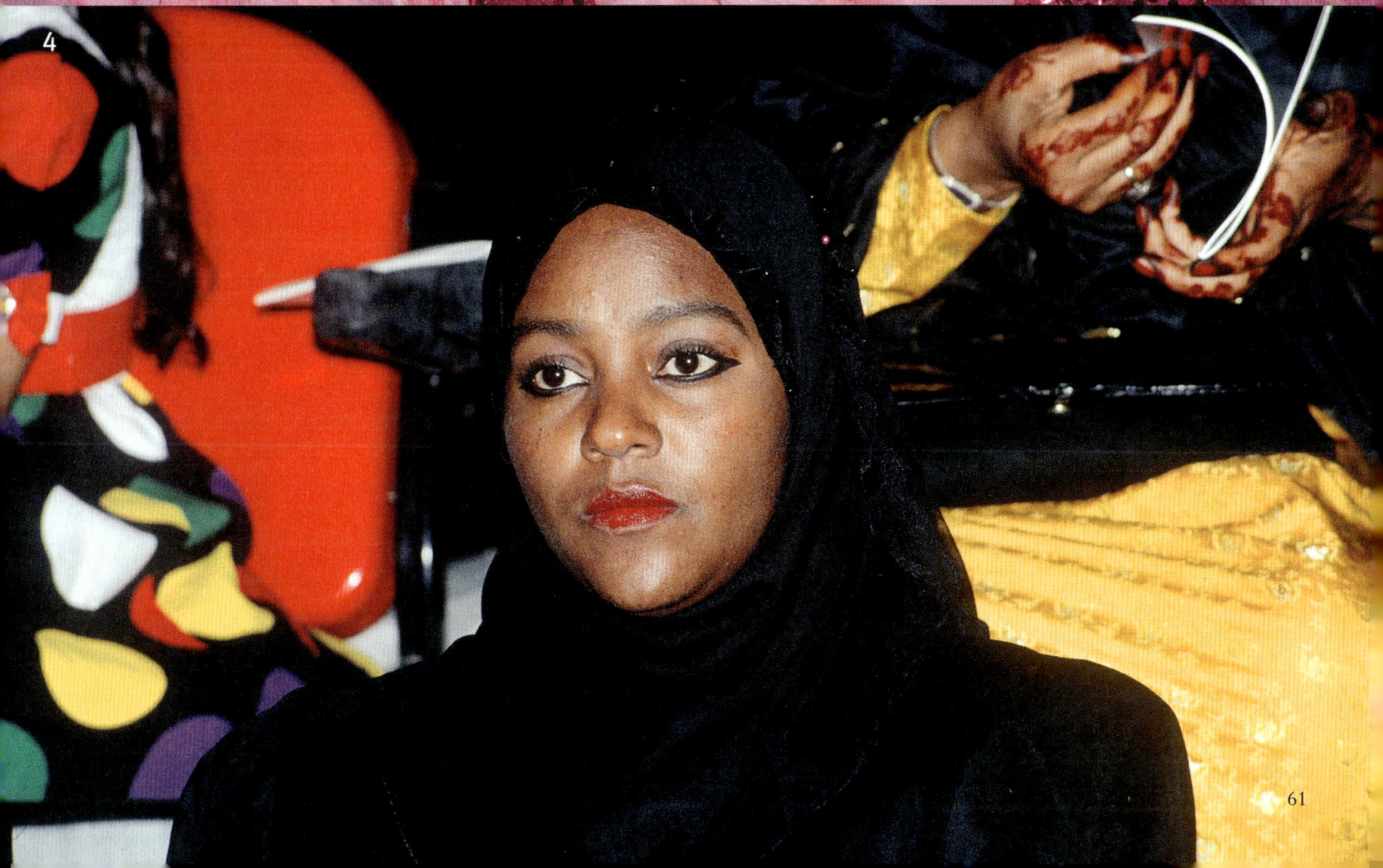
4

Öl – das sprudelnde Herz des Landes

Schichtwechsel im Geschäft mit dem Öl. Intuitiv würde jeder sagen, dass es vor allem dieser Geschäftsbereich ist, der den Charakter des Oman und anderer arabischer Länder prägt. Und natürlich ist es auch so, dass die Ölfelder die jüngere Geschichte dieses Landes prägen. Auch heute noch, weshalb ein Ausflug nach Fahud zum Kennenlern-Programm des Oman gehört. Und doch ist der Blick in dieses Geschäft ein Ausflug mit Hürden. Der Flug nach Fahud hat Verspätung. In der Abflughalle warten einige Männer, die ihre Schicht auf den Ölfeldern im Westen des Landes antreten müssen. Im Sinne der offiziellen »Omanisierungspolitik« sind es etwa zur Hälfte Inländer. Der Rest ist eine bunte Mischung aus Briten, Deutschen, Indern und anderen. Auch das ist typisch für das Land und seine Geschichte. Denn es waren immer vor allem auch die Bedürfnisse des treibstoffhungrigen Westens, die die internationalen Beziehungen zwischen den großen Industrienationen und den Ölländern geprägt haben. Im Guten genauso wie im Schlechten.

Auf den Ölfeldern von Fahud bringen auch Arbeiter aus Europa und den USA ihr wertvolles Know-how ein.

Wo Öl fließt, fließt auch Geld

Die Ölfelder von Fahud

Es passiert vielleicht ganz einfach automatisch: Wenn mehrere Nationen zusammen arbeiten, entsteht spontan ein Wettbewerb. Auf den Ölfeldern von Fahud ist das nicht anders als anderswo, wobei es Teil der historischen Logik des Oman ist, dass die Angehörigen des Vereinten Britischen Königreichs eine besondere Rolle spielen und diese Rolle auch fühlen. »Natürlich stellen wir hier den größten Teil der Ausländer«, sagt etwa Philip Woods, ein Brite und der Manager einer der Ölförderfirmen, während wir alle auf unseren Flieger warten.

Die Stimmung ist gut. Irgendwie scheint keiner der Passagiere besonders unglücklich darüber zu sein, dass wir alle am Flughafen festsitzen. Höhere Gewalt, wird es später heißen, wenn der verspätete Arbeitsantritt der Arbeiter thematisiert werden sollte. Aber das soll kein Parameter für die Arbeitsmoral sein. Weder bei den Omanis noch bei den anderen. »Es stimmt schon, was die offiziellen Zahlen sagen«, meint Philip Woods. »Die Omanisierung ist heute insgesamt bei etwa 60 Prozent angelangt. Es wird für Ausländer auch immer schwieriger, eine längerfristige Arbeitsgenehmigung zu bekommen.«

Das Erdölgeschäft

Als Mitte der 1960er-Jahre die große Zeit der Erdölförderung im Oman begann, sah es freilich noch ganz anders aus. Die Konzessionen beinhalteten eine hohe personelle Beteiligung ausländischer Unternehmen. Der Deal war verhältnismäßig einfach: Das Unternehmen stellte das Know-how und die Ausrüstung, das Land erteilte die Lizenz. Dafür durfte das Unternehmen dann 40 Prozent des Ertrags behalten. Mehr oder weniger ist das auch heute noch so. Das wichtigste und größte Unternehmen auf diesem Gebiet heißt »Petroleum Development Oman«, kurz PDO, hinter dem sich vor allem der britische Konzern »Shell« verbarg. Bis 1974 blieb das auch so, dann kaufte der omanische Staat 60 Prozent der Anteile. Inzwischen ist die »Omanisierung« so weit fortgeschritten, dass die PDO auch in ihrer inneren Struktur weitgehend von Inländern bestimmt wird. Knapp 90 Prozent der Belegschaft sind heute Omani; bis in einigen Jahren will man das Maß vollmachen. »Das ist keine schlechte Politik«, meint Philip Woods mit einem gemischten Lächeln. »Die ausländischen Fachkräfte lässt man so lange ins Land, bis man so weit ist, den Laden mit den eigenen Leuten weiterzuführen. Und dann heißt es Dankeschön und auf Wiedersehen.« Philip Woods zwinkert fast unmerklich und lässt den Satz einfach so stehen. Nicht missgestimmt, aber doch mit einer Note, die den Ton zwischen den Welten des Westens und des Ostens über Jahre mitbestimmte.

Unser Flugzeug ist inzwischen startklar, die Gruppe der »Ölmänner« in der Wartehalle löst sich schnell auf. Über der Capital Area dreht die Maschine nach dem Start eine Schleife und richtet sich danach in Richtung Südwesten aus. Rechterhand zieht das Hadjar-Gebirge an uns vorbei, bald sehen wir unter uns die beeindruckende Mondlandschaft der Wüste. Ob ein guter Geologe anhand der Landschaftsstrukturen mögliche Ölfelder erahnen kann? Ganz so einfach ist es leider nicht – das ist auch der Grund, warum ausländische Fachkräfte wie Woods doch noch einige Zeit im Oman beschäftigt sein werden.

Die Suche geht weiter

Zurzeit sind neben der PDO rund 100 weitere Firmen im Erdölgeschäft tätig. Es wird gebohrt, gefördert, aber vor allem wird nach neuen Ölfeldern gesucht. Auf knapp sechs Milliarden Barrel schätzt die Regierung derzeit die omanischen Ölreserven. Bei einer Fördermenge von rund einer Million Barrel pro Tag bedeutet das einen Erdölsegen von maximal 20 Jahren.

Klar, dass man sich angesichts dieser Hochrenungen nach neuen Einnahmequellen wie zum Beispiel Erdgas umsieht. Und ebenso

1 und 3 *Unser offizieller Führer Mohammed lässt uns keine Sekunde aus den Augen, und nur selten werden Besucher in die Schaltzentralen des Reichtums gelassen.* – 2 *Auch deutsche Ingenieure arbeiten für die omanische Ölförderung.*

2

3

ESSAR
PDO RIG 72
ESSAR OIL
ESSAR

klar, dass über die Ölreserven ungern gesprochen wird. »Darüber kann ich Ihnen nichts sagen«, sagt Saif Said Al Sukry, Pressereferent in Fahud, der uns bei unserer Ankunft eine Tasse heißen Kaffee kredenzt. »Die Schätzungen über die tatsächlichen Erdölreserven im Land sind vertraulich und streng geheim.«
Doch wir dürfen uns überall umsehen und bekommen sogar einen Fahrer, der uns die Highlights von Fahud präsentiert. Mohammed heißt er. Sein Auftrag ist es zudem, uns danach wieder zum Flugplatz zu bringen und so lange dort zu bleiben, bis wir auch wirklich abgeflogen sind. Das gehört zu seinem Job.

Die Quelle allen Wohlstands

Alles an Fahud ist sauber. Eine kleine Stadt ohne Frauen, in der mit dem Bewusstsein der eigenen Bedeutung gearbeitet wird. Schließlich wird hier der allgemeine omanische Wohlstand geschaffen.
Je nach Gesellschaft, bei der die Arbeiter angestellt sind, und je nach Vertrag bleiben die Männer drei, vier oder fünf Wochen hier und dürfen dann ebenso lange nach Hause. Mohammed war erst letzte Woche daheim. »Drei Wochen habe ich noch, dann fahre ich wieder in mein Dorf«, sagt er. »Der Job ist gut, und ich treffe viele wichtige Menschen.« Wir fühlen uns geschmeichelt. Gerne lässt sich Mohammed auch fotografieren und wirft sich jedes Mal bereitwillig in Pose.
Mit 40 Stundenkilometern ziehen wir unsere Bahnen durch das Gelände. »Schneller geht es nicht«, sagt Mohammed. »Sicherheitsvorkehrung, wollen Sie mal sehen?« Ohne auf eine Antwort zu warten, zeigt er uns gleich mehrmals, wie das Auto bei einer Geschwindigkeitsübertretung automatisch, beinahe wie von Geisterhand, gedrosselt wird. Überall hängen außerdem Plakate und Schilder, die zu verantwortungsvoller Fahrweise mahnen.
Nun bringt uns Mohammed auf einen Aussichtsplatz, von dem man einen riesigen runden Krater sieht. Darin stehen die Überbleibsel alter Bohrtürme. »Das ist Fahud 1«, sagt Mohammed. Vom 18. Januar 1956 an bohrten die Ölsucher hier eineinhalb Jahre lang nach Öl – und verfehlten das große Reservoir unter der Erde nur um wenige Meter. Das nennt man dann wohl Pech.
Sieben Jahre später jedoch versuchte man es nochmals und hatte mehr Glück. »Fahud 2«, wie diese sprudelnde Quelle genannt wurde, brachte den Oman mit einem Schlag in eine völlig neue Position. Im Jahr 1963 war das, also sieben Jahre bevor Sultan Qabus die Regierung übernahm, weshalb es noch dauerte, bis die neue Errungenschaft wirklich ausgeschöpft wurde.

Weg vom Öl?

Heute sind Geschichten wie jene von »Fahud 1« natürlich auch der Nährboden für die Hoffnung, immer weiter neue Ölfelder zu finden. Denn tatsächlich ist es stets auch eine Portion Zufall, wenn die Firmen auf neue Ölfelder stoßen. Daher ist es Teil der omanischen Politik, in den nächsten Jahren weiterhin die Abhängigkeit von dieser Einnahmequelle abzubauen. Das ist sehr wichtig, zumal die jüngste Vergangenheit Jahre gezeigt haben, dass der Rohölpreis auf dem internationalen Markt kaum vorhersehbar ist. Riesige Haushaltslöcher sind entstanden, da man bei der Planung von einem geltenden Barrel-Preis ausging, der dann plötzlich rapide abrutschte. Die Weitsicht gebietet es da, zusätzliche Standbeine wie den Handel und den Tourismus anzusteuern. Mohammed kümmert das als positiv denkender Mensch wenig. »Erdöl«, sagt er mit dem Blick des Wissenden, »gibt es hier noch genug.«

Ein paar Stunden später und mehrere Bohrtürme weiter ist es Zeit, uns wieder zum Flugplatz zurück zu bringen. Ein wenig wehmütig bertrachtet Mohammed die Arbeiter, die ihre Wochenschicht gerade beendet haben und mit uns auf den Rückflug warten. »Maa as-salaama – auf Wiedersehen«, sagt er und wartet geduldig bei der Startbahn, bis die Maschine auch wirklich in der Luft ist.

1 *Die Erdölvorräte sind noch riesig, so lautet die offizielle Stellungnahme.* – 2 *Die Arbeitskräfte aus aller Herren Länder machen die Ölfelder zu internationalem Terrain, alle Schilder sind auch auf Englisch beschriftet.*

STOP
H2S Primary Briefing Area
RIG-52 ٥٢- جهاز الحفر رقم
HAS WORKED عمل
195 DAYS يوماً ١٩٥
WITHOUT A بدون حادث
LOST TIME ACCIDENT مضيع للوقت

1

2

3

4

1 *Auf den Bohrfeldern gelten strenge Sicherheitsregeln. Ein Schild weist stolz die Zahl der unfallfreien Tage aus.* – 2 *Mit riesigen, hochkomplizierten Maschinen rückt man Mutter Erde zu Leibe, um an ihr schwarzes Gold zu gelangen.* – 3 *Die Entdeckung von »Fahud 2« war ein wohltuendes Erfolgserlebnis für die omanischen Ölindustrie.* – 4 *Sicherheit wird auf den Ölfeldern großgeschrieben. Touristen haben keinen Zugang.*

Seite 72/73
»Fahud I« war die erste Ölquelle, die im Oman entdeckt wurde. Wie viele dieser Art es noch gibt, ist ein wohlgehütetes Staatsgeheimnis.

Wahiba, Sur und Tiwi – Pendeln zwischen den Welten

»Du fährst«, sagt Udo. Er hört sich nicht so an, als lasse er irgendeine Diskussion zu. Die beste Art, die Geheimnisse des Sultanats zu entdecken, ist, sich ein Auto zu mieten und sich selbst auf den Weg zu machen. Zu sehen und entdecken gibt es in dieser Gegend viel, weshalb es sich lohnt, sich beim Fahren immer wieder mal abzuwechseln. Zum einen, weil man auf diesem ungewohnten Untergrund erst mal lernen muss, sich zu bewegen, und das zwangsläufig mit Herausforderungen verbunden ist, zum anderen, weil es sich lohnt, den Blick auch immer wieder mal ungestresst aus dem Beifahrerfenster schweifen zu lassen. Es ist die Landschaft, die viele Geschichten und Sagen geprägt hat, es ist die Stimmung, die auch heute noch viele Abenteuerfilme prägt. Das Licht, die Schattenspiele, das Abenteuer und das Bewusstsein, einer Landschaft zu begegnen, die Menschen und ihr Leben stärker formt, als es Städte vermögen. Unser erster Weg führt uns zu einem Beduinen, der in der Wahiba-Wüste, der Wüste im Südosten des Landes, zu Hause ist.

Die wasserreichen Täler des Wadi Tiwi waren und sind die Lebensadern des Oman. Leider hat ein schweres Unwetter vor einiger Zeit hier tiefe Wunden hinterlassen, die wohl nicht so schnell wieder heilen werden.

Alten Spuren folgen, neue Schritte wagen

Begegnungen in den Dünen – Sur – das Wadi Tiwi

Mohammed ibn Said Sultan Al-Bedri ist ein würdevoller junger Mann. Er sieht genauso aus, wie man sich einen Beduinen vorstellt: Weiße Dischdascha, Gürtel für den Krummdolch Kandjar, Turban Ammama auf dem Kopf und einen dünnen, oben mit Eisen beschlagenen Stab, der gleichzeitig Gerte, Spazierstock und Zeichenstift im Sand ist. In Al Wasil, einem Dorf am Rande der Wüste, steigt er in unser Auto und gibt mit seinem Stab von hinten die Richtung an. Nach kurzer Zeit sind wir schon mitten in der Wüste.
Gelb schimmert der Sand der Wahiba am Nachmittag. Rund 15 000 Quadratkilometer groß ist diese Wüste, die im Osten bis an den Indischen Ozean reicht. Im Gegensatz zur Sahara oder Rub al-Khali ist die Wahiba-Wüste kleiner und überschaubarer. Das ist mit ein Grund, warum sie von vielen Forschern als wissenschaftliche Spielwiese genutzt werden. Quarz, Kalziumkarbonat und Ophiolith sind die Bestandteile, aus denen sich der Sand der Wüste zusammensetzt. Im Jahr 1986 nahmen 35 Wissenschaftler von sieben britischen Universitäten diese Wüste für ein interdisziplinäres Forschungsunternehmen unter die Lupe: Pflanzenarten wurden gezählt, Tiere identifiziert und alle vorhandenen Dünenformen untersucht. Am Ende standen rund 200 Tier-, 130 Pflanzen- und etwa 20 Dünenarten auf der Liste. Indem sie die Bewegung dieser Dünen beobachten, erhoffen sich die Forscher Aufschlüsse über die Geologie der Wüste. Und zwar nicht nur über die Geologie dieser speziellen, sondern über die aller Wüsten. In diesem Sinne ist die Wahiba-Wüste also so etwas wie eine Modellwüste für die Wissenschaft.
Aber vor allem ist die Wüste auch die Heimat von Beduinen wie Mohammed ibn Said. »Stop«, sagt er plötzlich. Das ist eines von den insgesamt acht englischen Worten, die er beherrscht. Dann zeigt er mit seinem Stab auf den einzigen Baum weit und breit und sagt: »Look«. Auf dem Baum ist ein Falkenhorst zu sehen, darüber zieht dessen hungriger Bewohner seine Kreise in der Luft. Die Falkenjagd gehörte schon immer zu den Lieblingsbeschäftigungen der Beduinen. Früher diente sie in der Tat der Nahrungsbeschaffung, heute dagegen nur noch als sportliche Betätigung – und als Show.
Die Beduinen als Wüstenbewohner wissen eben genau, was sie den Touristen, die zu ihnen kommen, schuldig sind.

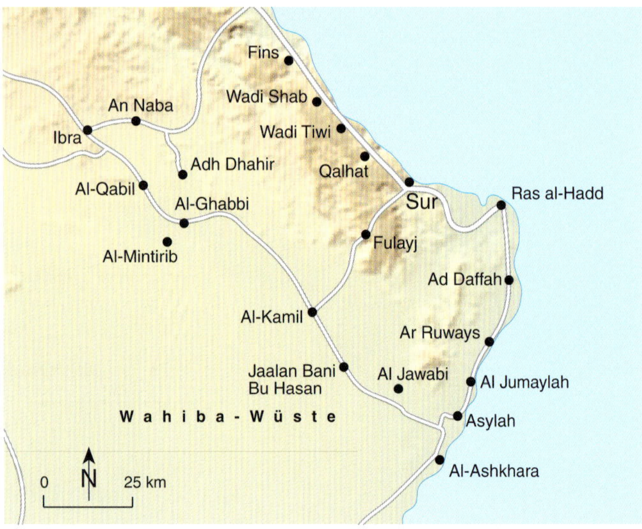

Quer durch die Wüste

Etwas weiter südlich, noch immer am Rande der Wüste, wo die Flächen noch breiter und die Dünen kleiner sind, zeigt Mohammed mit seinem Stab auf eine umzäunte Anlage. »Camel raizing«, sagt er – das verstehe ich nicht. Meint er »Camel racing«, also Kamelrennen, oder »Camel raising«, Kamelzucht? »Yes, Camel raizing«, sagt er. Ich beschließe, dass es egal ist oder beides. Tatsache ist, dass die Kamele dieser Wüste einen besonders guten Ruf haben. Sie sollen zu den schnellsten im arabischen Raum gehören – entsprechend teuer werden sie gehandelt. Ein gut trainiertes Tier, das bei einem der vielen Rennen gut abschneidet, bringt dem Besitzer wesentlich mehr als ein teurer Mittelklassewagen. Das ist ein willkommener Nebenverdienst für die Beduinen.
Wenige Kilometer später haben wir die erste größere Düne vor uns. Unser Beduine gibt uns die Anweisung, einfach draufloszufahren. Auf keinen Fall langsamer fahren oder bremsen heißt die Devise, weil der Wagen sonst im Sand stecken bleibt. Zweifelnd sehe ich nach hinten. »Yes«, sagt Mohammed aber nur und zeigt mit seinem Stab nach vorne. Erwartungsgemäß bleibt der Wagen am oberen Kamm der Düne im Sand stecken. »Ich fahre«, sagt Udo daraufhin. Er hört sich nicht so an, als lasse die Aufforderung irgendeine Diskussion zu.
Einige waghalsige Manöver später erreichen wir den Lagerplatz der Familie unseres Beduinen. Elf jüngere Geschwister hat er, wie Orgelpfeifen stehen sie vor uns, je ein Jahr auseinander. Eine Kamelstute und ihr Junges

1 *Zu Gast bei den Beduinen: Die Menschen hier leben fast so, wie ihre Vorfahren es taten.* – 2 *Doch die moderne Welt hat auch hier längst Einzug gehalten: Das Handy auf dem Teppich ist mit den romantischen Vorstellungen westlicher Besucher vom ursprünglichen Leben in der Wüste nur schwer vereinbar.*

1

2

1

2

stehen am Lager. Mohammeds 42-jähriger Vater ist der Herrscher der Familie. Vom Kamel einmal abgesehen wohnen alle zusammen im Schatten eines selbst gebauten offenen Zeltes. Daneben steckt ein altes Auto im Sand fest. »Taxi«, sagt Mohammed, und zeigt auf ein Foto, auf dem er mit dem damals noch fahrtüchtigen alten Auto zu sehen ist.

Im Gegensatz zu allen anderen omanischen Staatsbürgern müssen die Beduinen keine Führerscheinprüfung ablegen. Man geht davon aus, dass sich die Beduinenkinder sowieso viel früher, als es gesetzlich vorgesehen ist, hinter das Steuer setzen – und sei es nur, um die Batterie für das abendliche Fernsehprogramm aufzuladen. Wenn sie dann alt genug sind, um den Führerschein zu machen, so hofft man, können sie schon fahren. Bei Mohammed und seinem Taxi scheint diese Rechnung allerdings nicht ganz aufgegangen zu sein – oder er hatte ganz einfach Pech.

Kaffee, Kardamom und Sunset

Es gibt Kaffee, gewürzt mit Kardamom, und Datteln. Als *Madjilis*, wie der typische Empfangsraum der Araber genannt wird, dient ein großer Teppich. Vater und Sohn unterhalten sich, wir sehen uns inzwischen um: Immer wieder tauchen Kinder verschiedenen Alters auf. Sie tragen bunte Kleider. Neugierig, aber schüchtern sind sie, daher bleiben sie lieber auf Distanz. Wesentlich zutraulicher ist das Kamel, das immer wieder seinen Kopf in den Wohnbereich streckt.

»Go?«, will Mohammed wissen, nachdem sich der Vater verabschiedet hat. Zumeist wollen seine Gäste offenbar eine Spritztour durch die Dünenlandschaft machen. Jeder unserer mühsamen Versuche, ihm zu erklären, dass wir nicht zum Fahren hergekommen sind, scheitert am verfügbaren Vokabular. Erst als Mohammed das Wort »Sunset – Sonnenuntergang« hört und sieht, wie wir auf die Kamera deuten, scheint er zu verstehen und wiederholt mit einem bestätigenden Nicken »Sunset, go see, yes.«

Seit die Wahiba in einigen Off-Road-Journalen erwähnt wurde, finden auch immer mehr »Wüstenfahrer« ihren Weg hierher. Mitunter sieht man auf den steilsten Dünen Autospuren, einige Reiseanbieter haben sich sogar schon darauf spezialisiert, Abenteuerträume auf vier Rädern zu erfüllen. Selbst wenn die Beduinen finanziell davon profitieren, wenn sie gegen Bezahlung romantische Übernachtungsmöglichkeiten anbieten – das ist nicht das erstrebenswerteste Schicksal für diese Wüste.

Am Scheitelpunkt der höchsten Düne bleiben wir stehen. Ein beeindruckender Blick bietet sich uns dar. Vor uns liegt ein praktisch senkrechter sandiger Abhang, das Beduinenzelt weit unten in einer Senke. In ein paar Monaten, wenn die Tiere das dürftige Gestrüpp abgefressen haben werden, wird Mohammed mit seiner Familie weiterziehen. Aber wie geht es von hier aus mit unserem Fahrzeug weiter? Mohammed scheint recht abenteuerliche Vorstellungen davon zu haben. Nachdem wir die Aussicht lange genug bewundert haben, winkt er in Richtung Abhang, grinst ein bisschen und sagt: »Down, yes.« Unvorstellbar. Der Hang ist so steil, dass sich der Wagen beim ersten versehentlichen Querlenken zwangsläufig überschlagen würde. »Er fährt«, beschließen Udo und ich. Wir nehmen die Strecke durch den weichen Sand mit riesigen Schritten zu Fuß. Einer muss schließlich fotografieren, und ein Assistent kann dabei nicht schaden. Das Unternehmen gelingt, denn Mohammed ist ein geübter Pilot. Am Rande der Wüste, in Al-Wasil, wo er mit Freunden verabredet ist, setzen wir ihn wieder ab und bedanken uns für die Tour. »Bi kulli suruur – gern geschehen«, antwortet er lächelnd.

Von hier aus bis zur Hafenstadt Sur ist es noch etwa eine Stunde, die Straße hat wieder normale Konturen. Ich weiß genau, welchen Vorschlag Udo gleich machen wird. »Du fährst«, sagt er prompt. Er hört sich nicht so an, als lasse die Aufforderung irgendeine Diskussion zu.

Sur – Vergangenheit und Zukunft in einem

Kaum ein Ort macht den omanischen Spagat zwischen Vergangenheit und Zukunft deutlicher als Sur. Schmucklos präsentiert sich die Hafenstadt heute. Entlang der Küste und parallel zum Strand wurden in den letzten Jahren zahlreiche Ferienhäuser aus dem Boden gestampft. Hübsch sind sie im Sinne der omanischen Auffassung von Architektur,

1 und 2 *Der Fischfang bestimmt das Leben der Menschen in Sur seit jeher.* – 3 *Friedvoll schaukeln am Abend die Boote im Hafen von Sur, im Wasser des Golfes von Oman.*

mit ihren weißen Mauern, kleinen Türmen und Behaglichkeit vorgaukelnden Fenstern. Das Gesicht der einst bedeutenden Hafenstadt hat durch sie aber viel Charme eingebüßt.
Ab dem 16. Jahrhundert, als die nördlicheren omanischen Häfen die kriegerische Aufmerksamkeit der Portugiesen auf sich zogen, muss hier das Seehandelsleben pulsiert haben. Vor allem der Sklavenhandel mit Ostafrika war in dieser Zeit ein besonders einträgliches Geschäft. In der heute immer stärker versandenden Bucht von Sur sollen damals die größten Schiffe der Zeit vor Anker gelegen haben. Jedes hatte bis zu 400 Mann Besatzung und verfügte über alles, was zu einem solchen Betrieb gehört. Im Jahr 1865 endete dann die große Zeit der Hafenstadt: Zuerst machte sich das britische Verbot des Sklavenhandels bemerkbar, dann machten die streng gläubigen Wahabiten aus Saudi-Arabien Sur zum Schauplatz eines Missionskriegs, und schließlich zerstörte ein heftiger Sturm die gesamte Afrika-Flotte, die gerade aus Sansibar zurückkehrte. Das Rückgrat von Sur war damit gebrochen.

Die Werft

Von alledem ist heute zwar nichts mehr zu spüren, zu sehen gibt es aber dennoch genug: zum Beispiel die berühmte Werft der traditionellen Schiffsbauer oder den Fischmarkt am Strand – um ihn zu sehen, muss man allerdings Frühaufsteher sein. An guten Tagen bedeckt der reichhaltige Fang bei Sonnenaufgang die gesamte Fläche des Strandes. Kleine und größere Kühlwagen stehen in unmittelbarer Nähe bereit, es wird gehandelt, gefeilscht und verladen. Lange dauert das Spektakel allerdings nicht. Bevor die Sonne ihre volle Kraft entwickelt, ist der Markt vorbei. Was zurückbleibt, sind nur der Geruch und die kleinsten Fische.
Die Werft ist nicht weit von diesem Schauplatz entfernt. Dhaus heißen die elegant geschwungenen Boote, die hier gebaut werden. Wenn man entlang dieser kleinen geschlossenen Bucht flaniert, kann man die einzelnen Stadien ihrer Entstehung beobachten. Das ist wahrhaft ein multikulturelles Unterfangen. Das Teakholz stammt aus Burma, die handgefertigten Nägel aus Indien und die Arbeiter unter anderem aus Afrika. Hier wurde auch die »Sohar« gebaut, jenes Boot, mit dem der irische Skipper Tim Severin 1980 den alten Seeweg nach China befuhr.
Aber erst hinter dem nördlichen Ende von Sur stehen sich Vergangenheit und Zukunft wahrhaftig gegenüber. Etwas mehr als einen Steinwurf voneinander entfernt liegen in der Ebene eine riesige moderne Erdgasverflüssigungsanlage und auf dem Hochplateau die Ruinen der alten Stadt Qalhat. Auf der einen Seite steht also das bedeutendste Flüssiggasprojekt, das im Oman je unternommen wurde: Hier plant man eine Jahresproduktion von fast sieben Millionen Tonnen und hat Verträge mit Korea und Thailand. Auf der anderen Seite finden sich die Überreste einer Stadt, die Marco Polo als »uneinnehmbar« beschrieb. Mit dieser Einschätzung sollte sich der italienische Seefahrer allerdings getäuscht haben: Denn als Alfonso de Albuquerque im Jahr 1708 mit seinen Männern über Qalhat herfiel, hatte er offenbar wenig Mühe, die zuvor bereits von einem schweren Erdbeben gezeichnete Stadt in Schutt und Asche zu legen.
Von der einst blühenden Hafenmetropole steht heute als sichtbares Zeichen nur mehr die Ruine der Bibi-Mariyam-Moschee. Den Rest muss man sich anhand der wenigen Mauerreste selbst vorstellen. Eine typisch omanische Geschichte: Die ferne Vergangenheit lebt, als sei sie gerade erst passiert.

1 *Handelstradition: Auch in Sur sieht man Denkmäler, die an die Glanzzeiten der Schifffahrt erinnern.* – 2 und 3 *Seit Sindbads Zeiten hat der Schiffsbau im Oman eine lange und ruhmreiche Tradition.*

2

3

1

Wadi Tiwi – zwischen Felsen blüht das Land

Inzwischen kann man mit dem Auto »ein ganzes Stück weit« in das Wadi Tiwi hineinfahren, hatte man uns gesagt und »an manchen Stellen wird es ein bisschen eng«. Eigentlich waren das Informationen, mit denen wir durchaus etwas anfangen konnten. »Ein ganzes Stück weit«, »ein bisschen eng« – was soll's. Also bogen wir etwa 20 Kilometer nach Qalhat beherzt in die Mündung des Tales ein, das Tiwi genannt wird. Als grüne und fruchtbare Landschaft präsentiert sich das Tal am Anfang. Die Schnittstelle zwischen den karstigen Klippen und dem fruchtbaren Boden ist messerscharf und beeindruckend klar erkennbar. Hier noch plätscherndes Wasser, Leben und Wachstum im Überfluss, dort abweisende Berge, die von Schotter gekrönt werden. Immer wieder bildet der Bach kleine Tümpel – wenn hier nicht Waschpulverschachteln herumlägen, würde das Wasser auch zum Trinken animieren. Die Straße folgt dem Wasserlauf und windet sich zwischen Dattel-, Limonen- und Mangogärten als schmales Band durch die kleinen Dörfer. Es sind vor allem die ineinander verschachtelten Häuser, die das Bild bestimmen. Dazu kommt das sprießende Leben um diese Dörfer herum, das offensichtlich auch die Bewohner prägt. Neugierig und lebhaft winken uns die Kinder entlang der Strecke zu, immer wieder kommen uns Pick-up-Trucks entgegen, die auf ihrer Ladefläche ganze Schulklassen transportieren. Ein wirklich erstaunlicher Schulweg!

Jetzt wird's eng

Je länger wir die Straße entlangfahren, desto größer werden unsere Zweifel. Was hat man eigentlich unter »ein Stück weit« zu verstehen? Was genau bedeutet »ein bisschen eng«? Die Neugierde treibt uns weiter. Sehr bald führt die Straße in immer dramatischeren Kurven auf Schwindel erregende Höhen. Irgendwann sind wir von dem grünen fruchtbaren Band im Tal so weit entfernt, dass das Verhältnis zwischen Fels und Blüte zu Gunsten des Gesteins ausfällt. »Ein bisschen eng!« Dieser Satz hallt in unseren Köpfen nach wie ein schlechter Witz. Wenden ist völlig unmöglich, also bleibt uns keine Wahl, wir müssen weiter. Erstaunt stellen wir fest: Selbst hier, von wo aus nur steile, unwirtliche Pfade in die darunter liegenden Dörfer führen, sind die Schüler-Pick-ups unterwegs. Irgendjemand hat um einen großen Felsbrocken herum Holzbalken platziert, ähnlich wie bei den Beduinen in der Wüste. Ob hier wirklich jemand wohnt? Fast bildlich eineinhalb Armlängen vom Fruchtkorb entfernt? Ein Einsiedler, Eigenbrötler oder Sonderling?
Sinnlose Spekulationen. Wer am Rande einer Oase lebt, lebt auch am Rande einer Wüste. Ein paar Fotos später machen wir uns wieder auf den Rückweg. Wir fahren noch langsamer als während der Bergfahrt. »Ein ganzes Stück« weiter unten blüht das Land wieder zwischen den Felsen, und das Tal öffnet sich zum Meer. Ganz in der Nähe ist die Mündung in das nächste Wadi, das Shab heißt. »Mit dem Auto kommt man da nicht hinein«, hatte man uns gesagt, und wenn man diese Aussage zu jenem Tal in Beziehung setzt, das nach omanischem Empfinden hingegen leicht zu befahren ist, wird klar, wie ernst man diesen Hinweis nehmen kann. Trotz aller Eindrücke, die wir aus der Fahrt ins Wadi Tiwi mitgenommen haben, klingt der autofreie Charakter des Wadi Shab plötzlich wie ein großer Pluspunkt. »Nächstes Mal gehen wir zu Fuß«, beschließen wir im Resümee. »Dann braucht keiner von uns zu fahren.«

1 *Im Wadi Shab: Im Wasser zu spielen, ist für diese einheimischen Kinder der schönste Zeitvertreib.* – 2 *Eine Moschee fehlt in keiner Stadt, auch nicht in den Wüstensiedlungen.*

Seite 84/85
Wasser und Wüste – diese beiden Gegensätze prägen das Leben im Wadi Tiwi.

1

2

1 *Allein die Ruine der Bibi-Mariyam-Moschee ist von einer einst blühenden Hafenmetropole übrig geblieben.* – 2 *Die Oasenstädte sind das Zentrum allen menschlichen Lebens in den Wüsten.* – 3 *Perfekte Anpassung: Das Kamel verschmilzt fast mit der Wüstenlandschaft.*

Seite 88/89
Am Strand von Sur wird um den frischen Fisch gefeilscht – damals wie heute.

Nizwa – Höhen und Tiefen eines Besuchs

Fantastische Berge, dramatische Schluchten und historische Bauten. Die Gegend um Nizwa bietet vieles, und das Meiste, das man hier erleben kann, hat etwas von einem opulenten Spielfilm. Selten hat sich eine Landschaft so prächtig inszeniert wie hier, und wer den Blick in die Schluchten zwischen den Bergen wagt, wird einmal mehr feststellen, wie klein ein Mensch doch sein kann. Demgegenüber pulsiert auf den Märkten von Nizwa das Leben. Hier trifft man sich, hier erzählt man sich Geschichten und hier kommt man auch mit der berühmten Geschäftstüchtigkeit der Omani in Kontakt. Gut so und kein Wunder im Grunde, denn die Geschichte des Oman ist auch eine des überaus erfolgreichen Handels. Dabei hatten die Märkte immer auch eine Zusatzfunktion: Ganz nebenbei wurden hier nämlich auch Nachrichten und Informationen ausgetauscht, denn Händler brachten nicht nur Ware aus allen Landen, sondern auch Geschichten. Der Souk im Oman ist damit so etwas wie die frühe Form der Nachrichtenagentur.

Im Djebel Akhdar genießt man den Ausblick auf den Terrassenanbau von Shurana.

Das Wahre an der Ware

Der Djebel Akhdar – der Djebel Shems – Saiq – Nizwa

Scheich Amor und der Händler im Souk von Nizwa hatten sich viel zu erzählen, während wir unseren Blick über die imposante Vielfalt der Ware an diesem kleinen Stand schweifen ließen. Es sind beeindruckende Bilder, die sich einem da erschließen. Handarbeiten, Stickereien, Tücher, insgesamt ein buntes Mosaik aus verschiedensten Dingen. Nach einiger Zeit hatten Scheich Amor und sein Freund aber wohl die wichtigsten Informationen aus der Hauptstadt und über gemeinsame Freunde und Verwandte ausgetauscht, und der Händler wandte sich wieder eifrig seinem Kerngeschäft zu – in diesem Fall seiner Ware und insbesondere mir.

Und damit gab es in Wahrheit für mich ab diesem Zeitpunkt kein Entkommen mehr. Der geschäftstüchtige Händler hielt mir alle möglichen Dinge aus seinem Sortiment unter die Nase: fein gebügelte Dischdaschas, Tücher in allerlei Formen und Farben. Immer wieder setzte er mir eine Kumma auf den Kopf, die traditionelle, bunt bestickte Kopfbedeckung der Omanis.

»Don't want to buy Kumma?«, fragte Scheich Amor, der mit dem Ladenbesitzer offenbar besser befreundet war als mit mir. »Bring Omani Kumma to Germany?« »Yes, nice«, sagte der Händler ein paar Mal, dankbar über die willkommene Schützenhilfe

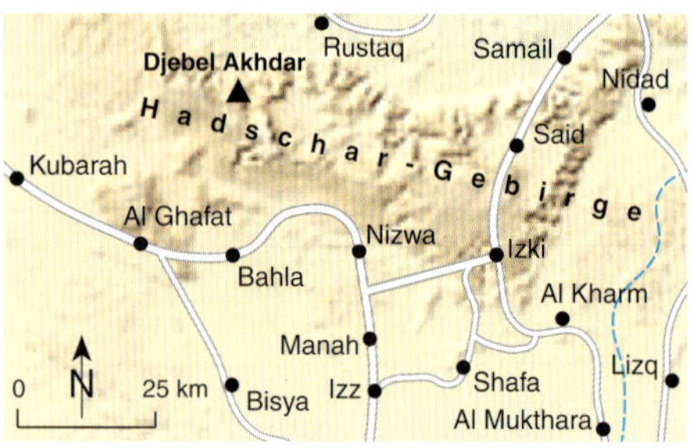

und holte einen ganzen Stapel Kummas vom oberen Regal.

Unterwegs mit Ammama und Kumma

Die letzten beiden Tage hatten wir zusammen mit Scheich Amor im nahe gelegenen Hadjar-Gebirge verbracht. Zuerst auf dem sogenannten grünen Berg, dem Djebel Akhdar, dann auch auf dem Sonnenberg, dem Djebel Shems. Obwohl die Berge dort oben bis zu 3000 Meter hoch sind und es an Winterabenden etwa zehn Grad kühl wird und Scheich Amor stets ein dickes Sakko trug, brannte die Sonne bei unseren Wanderungen erbarmungslos auf uns nieder. Als Notbehelf hatte ich mir jeden Tag einen dünnen Pullover um den Kopf gebunden, was unseren rührigen Reisebegleiter sehr erheitert hatte und ganz sicher nicht dem feinen orientalischen Stil entsprach. Aber andererseits hatte Scheich Amor ja seine Ammama, den Turban, der ihn während des Schwindel erregenden Spaziergangs vom Terrassendorf Saiq auf den Djebel Akhdar vor der prallen Sonne schützte. So musste Scheich Amor wohl schon bei dieser Gelegenheit beschlossen haben, dass es Zeit sei, mir eine vernünftigere Kopfbedeckung zu verpassen.

Und so landeten wir bei seinem Freund, dem Händler, wobei Lokalpatriotismus dabei auch eine Rolle gespielt haben mag. Mir war nämlich aufgefallen, dass Scheich Amor, der selbst in Al-Hamra am Fuße des Djebel Shems aufgewachsen war, auch schon bei anderen Ständen des Basars immer wieder vorgeschlagen hatte, wir sollten uns ruhig umsehen und etwas kaufen. Einen Krummdolch zum Beispiel oder Schmuck oder einen der zahlreichen Maria-Theresien-Taler, die im Oman bis 1968 wie eine Währung kursierten. Alledem entkamen wir noch irgendwie, und am Viehmarkt, auf dem die Beduinen unter anderem Schafe und Ziegen feilboten, hatten wir ebenfalls eine gute Ausrede. Aber irgendwann mussten wir wohl etwas kaufen. »This one is nice«, sagte der Händler, und machte ein zufriedenes Gesicht. »Yes, very nice«, bestätigte Scheich Amor.

Die Kumma, die ich jetzt auf dem Kopf hatte, war mit gelben und blauen Mustern bestickt. Sie sah ein bisschen aus wie eine Sahnetorte mit Blaubeeren und Zitronen. Ganz hübsch, aber was sollte ich damit? Auf dem Djebel Shems hätte ich das Ding gut brauchen können, als uns am Rande des 1000 Meter tiefen Canyons der Wind um die Ohren pfiff. Auch in Misfah hätte ich die Kumma tragen können, jenem altertümlichen kleinen Dorf am Fuß des Berges, wo die Bewohner, zumal die Frauen, vor jeder fremden Erscheinung in ihre Hauseingänge zurückschrecken. Aber auch da hätte diese Kopfbedeckung vielleicht keinen wesentlichen Unterschied gemacht. Nun gut, was soll's. Der Handel war schnell geschlossen, die Kumma wechselte ihren Besitzer.

Die Ibadya-Doktrin

In dieser Gegend speziell ist Lokalpatriotismus besonders wichtig, unter anderem wegen der historischen und religiösen Ereignisse, die hier stattgefunden haben. So soll der Gesandte des Propheten Mohammed im Jahr 630 die Kunde von seiner neuen Lehre zuerst hierher gebracht haben. Zudem fiel sie hier auf besonders fruchtbaren Boden. Als dann rund 50 Jahre später die neue isla-

1 *Zu Gast bei Nomaden am Djebel Shems, dem höchsten Berg des Oman.* – 2 *Vielleicht hat der Djebel Akhdar seinen Namen dem Terrassenfeldbau zu verdanken, der ihn wahrlich zu einem »grünen Berg« macht.*

1

2

1

mische Doktrin Ibadya des Abdullah ibn Ibadh entstand, geschah das gemeinsam mit dem damals hoch angesehenen Gelehrten Abu Shaatha, der aus der Nähe von Nizwa stammte. Dies mag später, als die Ibaditen gejagt und vertrieben wurden, vielleicht auch der Grund gewesen sein, warum sich die meisten Anhänger dieser neuen Doktrin ausgerechnet hier, im Hadjar-Gebirge, versteckten.

Aber das Fortschreiten dieser heute offiziellen omanischen Religion ließ nicht lange auf sich warten. Schon im Jahr 751, nicht ganz 120 Jahre nach dem Tod Mohammeds, wurde in Nizwa der erste ibadische Imam gewählt, der Nizwa auch gleich zur Hauptstadt des Landes erklärte. Über 1000 Jahre lang blieb das so, bis 1779.

In diesem Jahr verlegte Achmed ibn Said, der wegen seiner Erfolge im Kampf gegen die eroberungshungrigen Perser zum Imam gewählt worden war, seinen Amtssitz nach Maskat und begründete dort die bis heute regierende Al-Bu-Said-Dynastie. Dieser Schritt baute in der Folge allerdings ein neues Spannungsfeld im Oman auf: Auf der einen Seite stand das religiöse Bollwerk in Nizwa, das auch nach 1779 an dem traditionellen Prinzip der Imam-Wahlen festhalten wollte, auf der anderen Seite die Erben des Said. Sie gaben sich eigenmächtig den Titel Sultan, schafften die Wahlen ab und etablierten stattdessen die Erbfolge. Daraus entstanden immer wieder aufflammende Machtkämpfe zwischen der Sultansfamilie und dem in Nizwa parallel gewählten Imam. Dies ging so bis Ende der 1950er-Jahre, als der Vater des heutigen Sultans regierte. Dieser sogenannte Djebel-Akhdar-Aufstand wurde 1959 von eben jenen Verbündeten des Sultans niedergeschlagen, die den Rebellen seit Generationen ein Dorn im Auge waren. Die Rede ist natürlich von den Briten. Bedenkt man die historischen Zusammenhänge, so ist diese Konstellation kein Zufall: Großbritannien und das Sultanat waren schon seit den Anfängen der Seehandelsära und bis hinein ins Ölzeitalter eng miteinander verbunden. Gegen diese Interessensgemeinschaft hatten die Imame und ihr Gefolge niemals eine echte Chance. Dennoch ist Nizwa auch heute noch das geistige Zentrum der Ibadya und damit zumindest die religiöse Hauptstadt des Oman. Das betont der Sultan immer wieder, und die Tatsache, wie großzügig die alten Burgen und Festungen in dieser Gegend restauriert wurden und noch bis heute werden, untermauert diese Haltung zweifellos.

Der Glanz alter Tage – berühmte Bauwerke

Drei dieser Bauwerke legt uns Scheich Amor besonders ans Herz: die Festung von Nizwa, die Mitte des 17. Jahrhunderts in zwölfjähriger Bauzeit errichtet wurde, den prachtvollen Palast des Imams Bilarab in Djabrin, der aus derselben Zeit stammt, und die riesige Lehmburg in Bahla, die seit 1987 zum Weltkulturerbe der UNESCO zählt.

»Nice Kumma«, bemerkt der freundliche Führer in der Festung von Nizwa lächelnd und erzählt uns , dass der imposante Wehrturm einen Durchmesser von 40 Metern hat, 23 Meter hoch ist und bis auf 14 Meter mit Geröll gefüllt ist. »Die Menschen sind alle gleich, nur die Mentalität ist unterschiedlich«, meint der Aufpasser im Djabrin-Palast, während er ein von Touristen achtlos auf den Boden geworfenes Informationsblatt aufhebt, das besagt, dass der Erbauer des Palastes ein Kunstliebhaber war und hier Philosophen, Astrologen und Poeten um sich scharte.

»Jetzt ist es Zeit, nach Maskat zurückzufahren«, erinnert uns Scheich Amor, während wir noch hingerissen die

1 *Selbst in den Hotels, die es im Djebel Akhdar gibt, fühlt man sich fast wie in einem Gotteshaus: kunstvolle Mosaikfenster, eine Kuppel und meditative Ruhe.* – 2 *Schon die omanische Jugend ist den Traditionen ihrer Heimat tief verbunden.* – 3 *Das Abendessen wird gemeinsam mit der Familie eingenommen.* – 4 *Eine Inschrift auf rotem Stein im Djebel Akhdar.*

1

2

3

4

5

Restaurierungsarbeiten bewundern, die gerade an der Lehmburg in Bahla laufen. Allerdings haben wir noch ein bisschen Zeit für einen Besuch bei den berühmten Töpfern von Bahla, die inmitten der zentralen Oase seit Jahrhunderten die besonders gute Tonerde der Gegend verarbeiten.

Ein wohltuender Rückblick

Auf dem Rückweg erhaschen wir noch einen Eindruck von der zehn Kilometer langen Befestigungsmauer von Bahla, die an die chinesische Mauer erinnert. Wir vereinbaren, in Maskat noch bei der großen Moschee Halt zu machen, um dort die Abendstimmung einzufangen. Erstaunlich, wie viele neue Eindrücke und Erfahrungen dieser Ausflug ins Landesinnere gebracht hat. Mehr noch als in der Hauptstadt hat man hier den Eindruck, den Atem des Landes und seiner Geschichte spüren zu können. Die Frage, die uns bewegt: Warum ist das so? Sind es immer die religiösen Zentren, die ein Land und seine Menschen prägen? Und wenn ja: Wie und wie viel beeinflusst ein solches Bewusstsein den Umgang der Omanis in Nizwa mit den Touristen?
Von der Fahrt in den Halbschlaf geschaukelt, drehen die Bilder in meinem Kopf noch einmal eine Pirouette. Der Canyon auf dem Djebel Shems, die Gewehre im Haus des Dorfältesten von Saiq am Djebel Akhdar, die badenden Kinder am Bewässerungskanal von Misfah und natürlich die freundlichen Bemerkungen, die meine neue Kopfbedeckung hervorrief. Unzweifelhaft ist die Reise in das historische und religiöse Innenland um Nizwa insgesamt eine spannende Entdeckungsreise in das Herz des Landes. Hier ruht der Gegenpol zum omanischen Streben nach vorsichtiger Moderne. Die Tatsache, dass ich gerade hier zu meiner neuen Kopfbedeckung kam, war ein Zeichen, das man besser betrachten hätte müssen.

Omanische Gepflogenheiten

Doch wie so oft kam die Erkenntnis erst danach und viel zu spät, womit mir meine neue Kumma letztendlich ein zweites Mal auf den Kopf fiel. Von den freundlichen Reaktionen auf dem Markt von Nizwa angespornt, setzte ich die traditionelle Haube auch bei unserem Besuch im Informationsministerium in der Hauptstadt auf. Das freundliche Lächeln und der Kommentar (»Oh, you are half an Omani.«) blieben auch hier nicht aus, es schien also an sich alles in Ordnung. Warum auch nicht? Schließlich würde es doch auch niemanden stören, wenn ein Omani in Deutschland mit einer Krawatte erscheinen würde. Und hatte nicht gerade ein echter Omani mir die Kumma verkauft? Doch wie sich Wochen danach herausstellte, hatte ich mich damit getäuscht. Denn in Wahrheit wurde es damals als ziemlicher Fauxpas empfunden, dass ein Nicht-Muslim dieses besondere omanische Kleidungsstück trug. Kein Vergleich also mit der zitierten Krawatte! Und überhaupt ist es fast immer ein Fehler, die eigenen Wert- oder Gesellschaftsvorstellungen über die Menschen in einem anderen Land zu stülpen. Sicher, um das Gebot der Gastfreundschaft nicht zu verletzen, hätte kein Omani dieses mangelnde Feingefühl mir gegenüber direkt kritisiert. Doch man erwartet hier von den ausländischen Gästen einfach, dass sie das Land und seine kulturellen Gepflogenheiten kennen, beachten und respektieren. Nichts für ungut, könnte man hier noch hinzufügen, in jedem Fall ist das Ganze eine typisch omanische Geschichte und die gewonnene Erkenntnis eine, die man als Besucher gut beherzigen kann.

1 *Im Abendrot zeigt sich die Schlucht von Saiq von ihrer fotogensten Seite.* – 2 und 3 *In der Gegend von Nizwa erzählen uralte Forts und Schlösser von der Geschichte des Oman.* – 4 *Glühend geht die Sonne hinter den Felsen unter.* – 5 *Nizwa ist eine typisch omanische Stadt, gefangen in einer Art Schwebezustand zwischen Tradition und Moderne.*

Seite 98/99
Der Sonnenberg, Djebel Shems, gibt den Blick auf einen der schönsten Canyons der Welt frei.

1 *In Bahla werden heute noch Tonkrüge in Handarbeit hergestellt. Das Töpfern sichert hier nicht selten den Lebensunterhalt einer ganzen Familie.* – 2 und 4 *Jeder Topf ist indivduell unterschiedlich, aber alle wirken sie perfekt, formvollendet und wunderschön.* – 3 *Wallwege schlängeln sich entlang der Terrassenwege des »grünen Berges«.*

1

2

3

4

1

2

1 *Bei einem Schwatz mit den Händlern in Nizwa wandelt man zwischen den Zeiten.* – 2 *Der hiesige Markt ist ein hochfrequentierter Umschlagplatz für Nutztiere – und ein toller Ort, um tief in die Lebenswelt der Omanis einzutauchen.* – 3 *In den Souks erwartet den Besucher eine Vielzahl von Farben, Gerüchen und Eindrücken.* – 4 *Zu ihren Kamelen hegen die Männer im Oman eine tiefe Zuneigung.*

Seite 104/105
Vom Fort aus hat man den besten Blick über die Oasenstadt Nizwa.

Kühler Süden – heißer Norden

Suhail Massuud Al Masheni sitzt auf dem Beifahrersitz und murmelt einen Singsang aus dem Koranbüchlein, das er in den Händen hält. Am Steuer sitzt Mohammed. Wir sind in Salalah, der Hauptstadt von Omans südlichster Provinz Dhofar. Hier wächst der Weihrauch, hier verbringt der Sultan den Sommer, und hier begann das neue Leben des Sultanats. Zur selben Zeit bereiten sich in Khasab, mehr als 1000 Kilometer nördlich, ein weiterer Mohammed und eine weitere Amal auf ihre Hochzeit vor. Es wird ein großes Fest werden, und viele Freunde und Bekannte des Brautpaares werden sich an der Feier beteiligen. Dhofar und Musandam könnten geografisch nicht weiter voneinander entfernt sein, auch klimatisch unterscheiden sich die beiden Provinzen extrem: Während Dhofar für seinen sommerlichen Monsunregen bekannt ist, wird Musandam von extremer Trockenheit beherrscht. Und doch ergänzen sich die beiden Extreme zu einem gemeinsamen Ganzen, wenn man sie einander gegenüberstellt. Der Norden und der Süden des Oman im Pendel einer einenden Beobachtung.

Musandam an der Straße von Hormuz markiert den hohen Norden des Omans.

Kontrast als nationaler Reichtum

Dhofar und Musandam

Als der jüngste arabische Flächenbrand die Welt im Osten und Westen gleichermaßen in Atem hielt, waren es der Norden und Süden des Oman, die hier besonders beobachtet wurden. Der Norden, weil er an die Vereinigten Arabischen Emirate grenzt, deren Bestreben es war, den Deckel möglichst fest auf den brodelnden Topf zu drücken, der Süden, weil hier die Grenze zum Jemen verläuft, wo der arabische Flächenbrand zwischenzeitlich mächtig loderte. Mehr noch: In der jüngeren Geschichte des Oman spielten diese Nachbarschaft zum Jemen und ein Konflikt jenseits der Grenze schon einmal eine wichtige Rolle. Dass es diesmal wieder ruhig blieb, hat sicher mehrere Gründe. Einer davon ist vermutlich einfach das Bewusstsein, dass der Erfolg des Sultanats von heute auch etwas mit Kompromissen von früher zu tun hat.

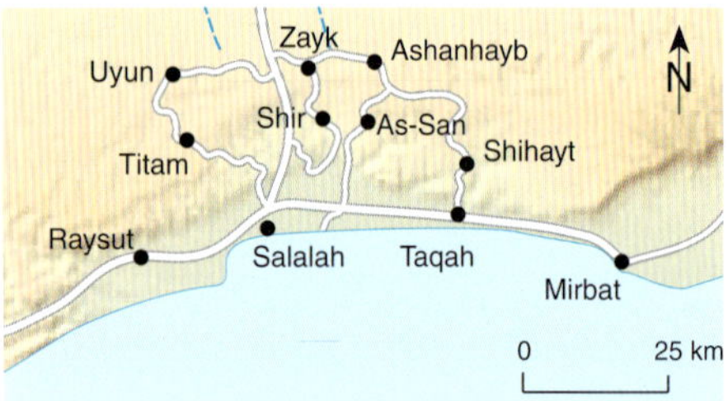

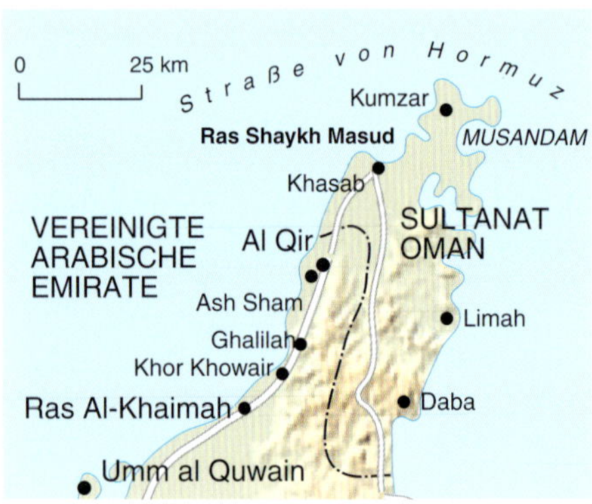

Dabei haben der kühle Süden und der heiße Norden Omans eben eines gemeinsam: Beide Regionen haben die Geschichte des Landes bestimmt und beide sind kennzeichnend für die beeindruckende Schönheit des Landes. Zwei Gegenden, zwei Gegensätze, zwei großartige Ziele für jeden. Kurzgefasst: Khasab ist die Hauptstadt von Musandam, der nördlichsten omanischen Provinz. Da Fjorde und Berge diese Halbinsel prägen, nennt man sie auch das »Norwegen Arabiens«. Salalah ist dagegen die Hauptstadt des Südens, die nicht zuletzt für die Geschichte der Seefahrt eine bedeutende Rolle spielt.

Al-Baliid

Unser erstes Ziel ist eine von zwei Ausgrabungsstätten, die es im Süden, in Dhofar also, gibt. »Al-Baliid« heißt die Landzunge am östlichen Strand von Salalah. Zu Deutsch bedeutet das nichts weiter als »die Stadt«, was wohl auch daran liegt, dass man gar nicht genau weiß, wie diese historische Hafenstadt ursprünglich hieß. Für Archäologen jedenfalls sind die einzelnen Gebäude der Siedlung ein spannendes Kapitel jahrelanger Forschungsarbeit. Auch das Sultanat unterstützte dabei unter anderen ein deutsches Archäologenteam, das auch die Grundlagen für die heutige Besuchsstätte schuf. Gar nicht überraschend ist diese Stadt der Vergangenheit ein fester Programmpunkt auf den meisten Kreuzfahrttouren im arabischen Raum, und auch sonst wird diese Ausgrabungsstätte von vielen Reiseveranstaltern erfolgreich und zu Recht beworben. Die Gebäude, die man hier zu sehen bekommt, sind beeindruckend. Es sind Botschafter längst vergangener Zeiten, die hier ganz plastisch auferstehen. Die Überreste der Moschee zum Beispiel, die durch einige neue Säulenrümpfe ergänzt wurden, oder die alte Stadtfestung, die sich mit jedem Grabungstag weiter aus der Schutthalde herauslöste. Eine bisher ungeklärte Frage ist, wie es zur Zerstörung dieser alten Stadt kam. Fest steht bislang nur, dass es hier im frühen Mittelalter eine wichtige Handelsstadt gegeben haben muss, welche die Chronisten »Dhofar« nannten. So heißt die Provinz heute. Weihrauch und Pferde wurden von hier aus verschifft, Mitte des 13. Jahrhunderts soll diese blühende Stadt von Plünderern aus Hormuz, einer Insel im Persischen Golf, zerstört worden sein.

Der Schlüssel zum goldenen Tor

Hormuz? Die Meerenge von Hormuz trennt Omans nördlichste Provinz Musandam vom Iran. An der engsten Stelle ist die Straße gerade mal 50 Kilometer breit, weshalb die Kontrolle dieses Gebietes schon immer von besonders großer strategischer Bedeutung war, nicht zuletzt seit Beginn des Ölzeitalters. Bevor die großen Pipelines gelegt wurden, mussten unter anderem die Tanker aus Kuwait, Irak, Saudi-Arabien und einigen Arabischen Emiraten zwangsläufig durch dieses Nadelöhr. Wer also die Fjorde von Musandam beherrschte, hatte den Schlüssel zu einem goldenen Tor.
Suhail hat inzwischen sein Gebet abgeschlossen, und Udo stellt ihm die Frage, die ihn seit einiger Zeit beschäftigt: Ob es sein kann, dass er und Suhail sich schon einmal gesehen haben? Vor ein paar Jahren, als Udo das erste Mal im Oman war? Aber Suhail erinnert sich nicht. »Doch, doch«, beharrt Udo, »ganz sicher, es war im November und da

1 *Fischerboote in Musandam: Schmugglerflotten betreiben ein reges Geschäft mit dem Iran.* – 2 *Die Festung in Khasab, Musandam, wurde im 17. Jahrhundert von den Portugiesen errichtet. Von hier hat man einen tollen Blick über die Straße von Hormuz.*

1

2

1

2

war ein großes Fest.« Dann erzählt Udo, wie ihn die vielen bis zu den Zähnen bewaffneten Männer beeindruckt haben, die zu diesem großen Fest von den Bergen herunter nach Salalah gekommen waren und wie er den Kopf ein bisschen einzog, als er sah, wie diese Männer mit ihren Säbeln rasselten. »Stimmt schon«, sagt Suhail, am 18. und 19. November sei Nationalfeiertag, der einzige nichtreligiöse im Land. Der Anlass ist eigentlich der Geburtstag des Sultans, aber davon abgesehen feiere man auch die Geburtsstunde des neuen Oman. In Salalah kämen auch darum viele Männer in voller Bewaffnung von den Bergdörfern ins Tal. Aber an Udo könne er sich wirklich nicht erinnern.

Der omanische Befreiungskrieg

Inzwischen sind wir in der Nähe des Sommerpalastes von Sultan Qabus angelangt. An derselben Stelle stand früher der alte Palast, in dem Qabus' Vater bis zu seiner Entmachtung im Juli 1970 lebte. Damals befand sich das Land und vor allem die Provinz Dhofar in einer prekären Situation: Zweieinhalb Jahre zuvor hatten die Revolutionäre im benachbarten Jemen die Königsfamilie vertrieben und sodann die sowjetisch orientierte Demokratische Volksrepublik ausgerufen. Viele Omanis, die zu dieser Zeit illegal auf saudischen Ölfeldern arbeiteten oder im isolierten und rückständigen Oman lebten, beschlossen, es den jemenitischen Kämpfern gleichzutun. Anfang 1970 hatten die Kämpfer der omanischen Befreiungsfront das Bergland und weite Teile der Küste unter ihrer Kontrolle, ein Sturm auf den Palast schien nur mehr eine Frage der Zeit. Es herrschte akuter Handlungsbedarf, sodass Qabus und einige seiner liberalen Berater die Entscheidung an sich rissen. Am 23. Juli 1970 begannen sie eine Palastrevolte, zwangen den Vater abzudanken und schickten ihn ins Exil nach England, wo er zwei Jahre später starb. Nur knapp waren sie damit den weit blutigeren Plänen der Befreiungsfront zuvorgekommen. Nun galt es, den Revolutionären den Machtwechsel schmackhaft zu machen. Qabus, der selbst in Salalah geboren und aufgewachsen war, hatte dabei recht gute Karten. Er versprach, von nun an alles zu tun, um das Land zu öffnen und zu entwickeln. Er bot den Kämpfern der Befreiungsfront gar eine sofortige Amnestie an, sofern sie ihre Waffen niederlegen. Das Angebot zeigte Wirkung. Noch im August desselben Jahres wechselten rund 200 Kämpfer die Seite. Aber das war nur der Anfang, das Problem war damit noch nicht gelöst …

Es war Amal

Zurück zum Hochzeitsfest: Mohammed, der Bräutigam, ist Geschäftsmann. Amal ist seine zweite Frau. Gerade sitzt er in einem großen grünen Sessel und muss sich die neugierigen Blicke von bunt gewandeten Kindern und Frauen gefallen lassen. Islamische Hochzeiten sind anders als christliche: Zwar gibt der Koran die Regeln vor und empfiehlt sogar die Monogamie, doch die Ehe ist kein Sakrament, sondern ein öffentliches und gesellschaftliches Versprechen. Ein wesentlicher Bestandteil des Eheabkommens sind die Geschenke. Abends, wenn der kleine Zug mit dem großen, knallbunten Hochzeitstablett durch die Gemeinde zieht, kann jeder seinen Beitrag leisten. Zusammen mit dem Geschenk des Bräutigams wird das Gesammelte dann auch das Sicherheitskapital der Braut sein. Es wird nicht unerheblich sein, welcher Betrag Amal am Ende zur Verfügung steht, denn ihr Bräutigam gehört zu den prominenten Persönlichkeiten Musandams. Er ist so selbstbewusst wie die gesamte Provinz. Das Leben in Musandam wird nämlich von zwei Faktoren geprägt: der geografischen Entfernung und der verwaltungspolitischen Nähe zur Hauptstadt des Sultanats. Schmugglerflotten betreiben ein reges Geschäft mit dem gegenüberliegenden Iran, das Grenzabkommen zwischen Oman und den arabischen Emiraten bringt den Omani weitere Vorteile.

1 *Auch in Salalah, der Hauptstadt des Gouvernements Dhofar im Süden Omans, gibt es eine Sultan-Qabus-Moschee, deren Minarett von überall in der Stadt zu sehen ist.* – 2 *Traditionen werden hochgehalten in Musandam, zu sehen etwa bei Hochzeitszeremonien.* – 3 *Der Hang zur Meditation und Ruhesuche in der Natur ist allen Omani eigen.*

1

Momente der Entspannung

Wir fahren weiter nach Mirbat, das östlich von Salalah liegt. Es bietet ein Ensemble der schönsten, wenn auch baufälligsten alten Häuser der Küstenregion. Suhail und Mohammed haben sich zum Mittagsgebet in die Moschee zurückgezogen. Es ist heiß, und wir suchen einen der wenigen schattigen Plätze vor einem alten Haus an der Bucht auf. Eine Gruppe von jungen Fischern bereitet sich darauf vor, mit einem kleinen Boot hinauszufahren, einige beten kurz davor noch am Strand. Abgesehen von einigen Katzen, die durch das Dorf schleichen, ist kaum jemand unterwegs.

»Ein eher verschlossener Typ, unser Suhail«, bemerkt Udo. Ich überlege, ob das damit zusammenhängt, dass Suhail ein Sunnit ist, also der »orthodoxeren« islamischen Religionsgruppe angehört. Die meisten Omani sind im Gegensatz dazu moderate Anhänger der Ibadya. Ich folgere dennoch, dass es einfach Charaktersache ist. Als wir zuvor zwei islamische Pilgerstätten besucht hatten – das Hiobsgrab im Westen und das mit zwei Zwiebelkuppeln besonders auffällige Grabmal des Heiligen Scheich Mohammed bin Ali Al-Alawi im Westen –, hatte Suhail eher unbeeindruckt im Auto gewartet. Dabei ist das so genannte Bin-Ali-Grab immerhin das Grab eines Mannes, der direkt vom Schwiegersohn des Propheten Mohammed abstammen soll und der überdies bis zu seinem Tod im Jahr 1161 hier in Mirbat gelebt hatte.
Ganz plötzlich öffnet sich die Tür des Hauses, dessen Schatten wir nutzen. Ein junges Mädchen kommt auf uns zu. Der erste Gedanke ist, dass sich jemand im Haus von unserer Anwesenheit gestört fühlt. Hat das Mädchen den Auftrag, uns zum Gehen zu bitten? Das Gegenteil ist der Fall. Die Kleine trägt einen Krug und ein Glas Wasser und bietet uns wortlos etwas zu trinken an. Dankbar und gerührt und auch etwas beschämt von unseren eigenen Pessimismen, nehmen wir das Geschenk an.

Die Kämpfe in Mirbat

In Mirbat tobten in der ersten Hälfte der 1970er-Jahre die letzten entscheidenden Kämpfe um die Herrschaft über die Provinz. Sultan Qabus' Amnestie-Angebot hatten längst nicht alle Rebellen angenommen. Viele hofften noch, mit jemenitischer Unterstützung gewaltsam eine Volksrepublik durchsetzen zu können. Entscheidend bei diesen letzten Kämpfen in Mirbat war die stille internationale Hilfe, die den Soldaten des Sultans zuteil wurde. Der Grund dieser internationalen Anteilnahme lag 1000 Kilometer entfernt in Musandam. Die Gefahr, dass die Straße von Hormuz, die »Achillesferse« der Ölwirtschaft, plötzlich in die Hände kommunistischer Rebellen fallen könnte, schreckte die Welt auf. Großzügig stellten einige Länder mitten in der Ölkrise von 1973 Truppen, Hubschrauber oder Logistik zur Verfügung. So dauerte es nicht mehr lange, bis die Rebellen endgültig in die Berge hinter Mirbat zurückgedrängt werden konnten. Im Dezember 1975 wurden Provinz und Sultanat offiziell zum sicheren Gebiet erklärt.

Guter Muslim, schlechter Muslim

»Ich verheirate euch gemäß dem Koran und gemäß der Sunna des Propheten.« So lautet die Formel für Eheschließungen im Islam. Zuvor wird ein Tuch über die Hände der Brautleute gelegt, dann ist die Eheschließung vollbracht. Mohammed und Amal sind Mann und Frau. Was folgt, ist die Feier mit Freunden und wohlriechendem Weihrauch vom Harz der Bäume in Dhofar und natürlich die erweiterte Familienplanung. Durchschnittlich fünf Kinder haben die Familien im Oman, gut doppelt so viele wie in

2

1 *Beeindruckend groß wirken die Weihrauchbäume (*Boswellia sacra*) bei Salalah im Verhältnis zum Menschen.* – 2 *Die Weihrauchernte ist stets ein großes Ereignis für die Menschen im Süden.*

1

2

Deutschland. Vorsichtig versucht Sultan Qabus seit ein paar Jahren, seinen Untertanen die Vorteile kleinerer Familien nahe zu bringen. Aber konkret kann er dabei nicht werden, wenn er den Glauben seines Volks nicht erschüttern will: Die Gratwanderung zwischen Tradition und Moderne ist im Oman ein eigenes Kapitel …

Nach dem Gebet gehen wir mit Suhail in der Nähe von Mirbat essen. »Sie müssen mit den Händen essen«, sagt er, »das ist viel besser. Machen Sie es so wie ich.« Dann erzählt er, dass er einmal zusammen mit seinem Bruder in Amerika war. Um nicht aufzufallen wie bunte Hunde, hatte sein Bruder damals vorgeschlagen, dort nicht die traditionelle omanische Kleidung, sondern Hose und Hemd zu tragen. Aber Suhail überredete ihn, es nicht zu tun. »Es war ein gutes Gefühl«, erzählt er, »die eigene Überzeugung nicht ablegen zu müssen.« »Stimmt«, bemerke ich und greife erleichtert zur Gabel. »Und rauchen und trinken«, fügt er hinzu, »soll ein guter Muslim auch nicht.« »Und wenn einer trotzdem raucht oder nicht alles im Leben einhält?«, frage ich. »Dann ist er ein schlechter Muslim.« Nach dem Essen und bevor wir wieder ins Auto einsteigen, bietet mir Mohammed, der Fahrer, eine Zigarette an. Er spricht kaum Englisch, aber ich verstehe, was er meint.

Ein Hafenwunderwerk

Unsere letzte Station, der neue, moderne Containerhafen von Salalah, bietet einen Blick in die Zukunft. Ein sehr eindrucksvolles hochtechnisiertes Areal von 550 000 Quadratmetern Größe. Der oberste Manager stammt aus Texas, in den Großraumbüros arbeiten Frauen und Männer gemeinsam – Suhail zieht es daher vor, draußen zu warten. 258 Millionen Dollar hat der Bau des Hafens Mina Raysut gekostet, doch man ist überzeugt, dass das eine gewinnträchtige Investition ist.

Die Zuversicht des Unternehmens, an dem das Sultanat mit 20 Prozent beteiligt ist, beruht auf der Tatsache, dass die Versicherungen für Schiffe, die durch die Straße von Hormuz bei Musandam fahren, wegen der gefährlichen Nähe zu den Krisenherden im Nahen Osten eine schmerzhafte Zusatzprämie verlangen. Salalah hingegen liegt außerhalb dieser Gefahrenzone, weshalb die Reedereien deutlich niedrigere Versicherungsbeiträge zahlen müssen. Aus diesem Grund hat man hier von vornherein mit den großen Frachtschiffen kalkuliert. Selbst die neuesten Meeresriesen mit über 6000 Containern Frachtkapazität können ohne Schwierigkeiten andocken. Die Fracht kann dann in kürzester Zeit gelöscht werden. Eigens zu diesem Zweck hat man sich in China auch die weltgrößten Verladekräne bauen lassen.

Der Blick von der Steuerkabine eines solchen Krans ist beachtlich. Rund 120 Bewegungen schaffen diese Riesen pro Stunde. Für die meisten Schiffe bedeutet das, dass sie kaum mehr als 24 Stunden vor Anker liegen. Als der erste größere Frachter in Salalah einlief, waren auch einige Journalisten aus aller Welt geladen. Nachdem ihnen das Konzept und die Prognosen erläutert wurden, verließen die Reporter schwer beeindruckt wieder das Land. Eine Schweizer Wirtschaftszeitung nahm den Optimismus des omanischen Verkehrsministers wörtlich und titelte: »Das Rotterdam des Indischen Ozeans«. Es steht zu vermuten, dass im Oman einige hofften, niemand habe diese Zeile gelesen.

3

Bevor wir zum Flughafen fahren, setzen wir Suhail noch bei sich zu Hause ab. Mohammed macht mir ein Zeichen, dass ich nun vorne sitzen kann. Dann öffnet er sein Fenster und bietet mir noch eine Zigarette an. »La shukran – Nein, danke«, sage ich und sehe, dass er fast ein bisschen enttäuscht ist. Am liebsten würde ich ihn am Flughafen noch auf einen Drink einladen, aber ich lasse es dann doch bleiben. Denn Mohammed ist sicherlich ein guter Muslim.

1 und 2 *Natürlich dürfen weder im Süden noch im Norden dieses Landes Fischerboote an den Küsten (hier in Musandam) und Containerhäfen (hier in Salalah) fehlen.* – 3 *Morgendämmerung: Jeder Tag ist seit knapp 40 Jahren im Oman ein Schritt in die moderne Zukunft.*

Seite 116/117
Das Spannende am Oman ist im Norden wie im Süden die Entwicklung über die Jahre.

1

2

3

4

5

1 *Viele Naturfreunde zieht es an die Strände Salalahs, nicht zuletzt, weil hier mit etwas Glück auch ein paar Schildkröten zu sehen sind, die ihre Eier ablegen.* – 2 *Die Yacht des Sultans ist auch manchmal vor Kashab zu sichten.* – 3 und 4 *Der Oman beherbergt Tausende Wildtierarten, neben Kugelfischen und Echsen auch etwa Oryx-Antilopen und seltene Vögel.* – 5 *Ein Omani beim standhaften Blickhalten im stolzen Norden.*

Seite 120/121
1 *Das Grab von Mohammed bin Ali in Mirbat im Süden erhebt sich majestätisch aus dem wüstenähnlichen Friedhof.* – 2 *Die Altstadt von Salalah, dem Geburtsort von Sultan Qabus, der Anführer der Palastrevolte 1970 war.* – 3 *Im Fischerhafen Mirbat: Wo einst erbittert gekämpft wurde, zieren heute idyllische Holzboote den Strand.* – 4 *Kamele beim »Tanken« im Süden.*

Seite 122/123
Gleich am Strand werden in Musandam die Fische getrocknet.

1

2

3

4

Dubai – zurück in die Zukunft

Was ist der Unterschied zwischen einem Spinner und einem Visionär? In Dubai, wo man inzwischen schon fast daran gewöhnt ist, Skigebiete in der Wüste, Restaurants unter Wasser, Büros in der Luft und selbstgemachte Inseln zu haben, kommt diese Frage immer wieder auf. Eines ist sicher: Dubai ist eine Kategorie für sich und so ziemlich gar nichts von dem, was heute oder auch im Laufe der Geschichte dieses vergleichsweise kleinen Emirates geschehen oder geschaffen worden ist, kann man mit normalen Maßstäben beurteilen. Der Plan der Tourismusentwickler Dubais ist dabei denkbar einfach: Man wollte und will sich auf dem internationalen Urlaubsmarkt als Destination positionieren, die zu jeder Jahreszeit und für jeden Touristen eine Alternative ist. Kein Wunder also, dass die Zukunft Dubais sowohl für den Winterurlauber, den Sportler, den Taucher, den Wanderer, den Technikfreak und Kulturtouristen etwas anzubieten haben wird. Planen Sie eine Rundreise durch Europa? Wozu in die Ferne schweifen, wenn Dubai doch alles zusammen bietet.

Blickfang: Das »Burj Al Arab« ragt stolz wie ein geblähtes Segel in den Himmel. Solche Signalwirkungen sind typisch für Dubai.

Kein Wunder … Dubai!

The Palm – Deira und Bur Dubai – das Burj al Arab

Ein Blick in die Vergangenheit: Das 21. Jahrhundert hat gerade begonnen, und die Leute des Emirs von Dubai haben eine Informationsoffensive begonnen, um die Zukunft Dubais im Bewusstsein der Welt zu verankern. Einer jener Menschen, die mit eben dieser Mission unterwegs sind, war damals Saif Sultan Al Shamsi. An einem Frühlingstag der Jahrtausendwende positionierte er sich in seinem leuchtend weißen Gewand vor einer Gruppe internationaler Journalisten und klang dabei wie ein professioneller Managementtrainer. »Alles ist möglich, man muss es nur wollen«, sagte er. Kurz davor hatte der »Managing Director« des größten Bauprojektes in Dubai veranlasst, dass uns das damals neueste Megaprojekt des Emirats präsentiert wird: neues Land, einfach so ins Meer gebaut, weil die Küstenlinie für den erwarteten Touristenansturm zu eng werden würde.

Alles mega

»The Palm«, die Palme, erklärte er damals, sei ein in die Zukunft weisendes Projekt. In Zahlen ausgedrückt handelt es sich dabei um eine eineinhalb Milliarden US-Dollar teure Stadt, die neu ins Meer gebaut wird und damit die Küste des Emirats um 120 Kilometer verlängert. 3000 neue Wohnungen und Häuser, Villenviertel, Hoteldistrikte, Yachthäfen, Abenteuerparks sollten hier entstehen, und zwar in Form einer Palme. Am Ende sollte das eindrucksvolle Bauwerk so wie die chinesische Mauer auch vom Weltall aus sichtbar sein. »Es wird das achte Weltwunder werden«, sagte Saif Sultan damals, »und wir wollen zwei davon bauen.«

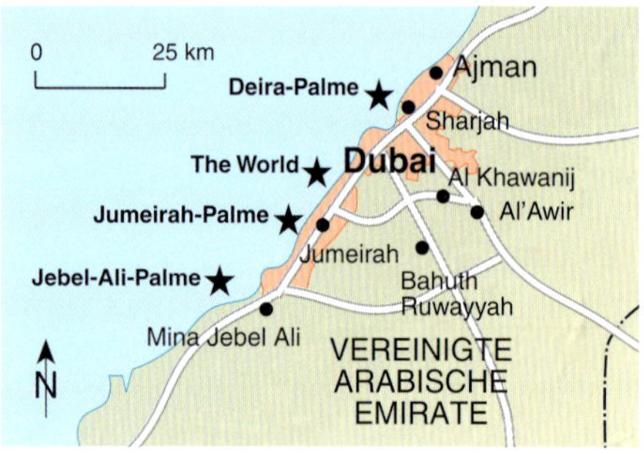

Sosehr Saif Sultan damals auch überzeugte und beschwichtigte, ein kleiner, leicht spöttischer Zweifel hing dennoch irgendwo zwischen dem Lächeln und dem Staunen der internationalen Gäste. Und das – wie sich nur wenige Jahre später herausstellte – völlig zu Unrecht: Die Arbeiten an der ersten Palme sind abgeschlossen, die zweite, »The Palm Deira«, ist schon erkennbar, und ein drittes, noch gigantischeres Projekt namens »The World« ist ebenfalls schon als Ware auf dem Markt. »Wir haben auch schon Dutzende Hotelketten, die Interesse angemeldet haben«, berichtete der Managing Director, »und mit der Kempinski-Gruppe sind wir im Geschäft.«
Saif Sultan kannte die Bedenken seiner Gäste. Mit funkelnden Augen sagte er damals: »Sie glauben, das alles ist übertrieben? Sie glauben, es ist verrückt, ins Meer zu bauen, wo so viel Wüste um uns herum ist?« Jedes beschwichtigende Dementi kam zu spät, Saif Sultan antwortete schneller: »Es ist nicht übertrieben, es ist nur großartig. Wir haben die Möglichkeit, die Mittel und die Fähigkeit, die besten Köpfe an einen Tisch zu bringen, um ein solches Projekt zu verwirklichen. Warum sollten wir es also nicht tun?«
Kurz gefasst ist das genau der Geist, der das Emirat Dubai besonders kennzeichnet, und natürlich gibt es heute genauso wenig wie damals keinen Anlass, Saif Sultan zu widersprechen.

Die Palme als Symbol

Dass die neue Stadt gerade die Form einer Palme hat, ist mehr als nur die Vision von einer schmucken Luftaufnahme. Die Dattelpalme erinnert nämlich an ein Konzept, das in frühen Zeiten hier und in den Nachbarländern immer eine besondere Bedeutung hatte: Der Dattelbaum ist der Lebensbaum. Die Tradition gebot stets, dass für jeden neugeborenen Menschen ein neuer Baum gepflanzt wird. Die Lebenserwartung von Mensch und Palme ist ungefähr gleich, weshalb der Neuankömmling für sein Leben theoretisch schon ausgesorgt hatte: Der Baum spendet Schatten, die Datteln Nahrung und die Palmblätter Baumaterial. Natürlich liegen die Zeiten, in denen hier in solchen Dimensionen gedacht wurde, lange zurück. Vielleicht gerade darum ist der Weg vom Lebensbaum zum Palmentraum eine Geschichte, die immer wieder gerne erzählt wird.
Einst war Dubai ein Fischerdorf, das im 16. Jahrhundert als kleine Stadt der Perlfischer beschrieben wurde. Und ein Fischerdorf blieb es auch lange Zeit. Zwar hatten viele Regenten auf der Welt die geopolitische und wirtschaftliche Bedeutung der Region am Persischen Golf erkannt, doch weder die Portugiesen, die etwa die ersten drei Dekaden des 17. Jahrhunderts hier regierten, noch die Holländer und Franzosen, die später kamen, hinterließen wesentliche Spuren.
Als ein Meilenstein sollte sich erst das Jahr 1833 erweisen. Damals zog Maktoum bin Butti vom Volk der Bani Yas in Abu Dhabi mit rund 800 Getreuen nach Dubai. Er und

1 *Blick auf die Dubai Creek Skyline: Alles bewegt sich im Reich der Vereinigten Arabischen Emirate.* – 2 *Einst lebte Dubai vom Perlenfischen und dem Fischfang. Seit einigen Jahren aber plant man hier so futuristische Projekte wie »The Palm« und deren Nachfolger.*

1

2

1

2

sein kleines Volk besiedelten zuerst das südliche, dann auch das nördliche Ufer des Creeks und begründeten die Dynastie, die bis heute hier regiert.
Das Hauptinteresse galt der Perlensuche, doch schon bald blühte der Handel mit Persien und Indien. Die Maktoums erkannten schnell, dass sie auf ausländische Hilfe angewiesen sein würden, um ihre prosperierende neue Heimat zu verteidigen und zu festigen. Da horchten die Briten auf und schlossen Ende des 19. Jahrhunderts mit Scheich Maktoum bin Hasher al Maktoum einen Pakt. Er verpflichtete die Briten, Maktoums vielversprechendes Scheichtum vor Piraten und den mächtigen Nachbarn Sharjah und Abu Dhabi zu schützen. Maktoum musste im Gegenzug garantieren, dass er und sein Volk keinen Handel mit anderen Nationen betreiben würden, ohne dies vorher mit den Briten abzusprechen. Das Abkommen brachte beiden Seiten Vorteile: Großbritannien gewann einen wichtigen Stützpunkt und Dubai eine sichere Zukunft als Handelsplatz.

An beiden Ufern

Ab 1890 verband eine Dampfschifffahrtslinie Dubai mit Bombay – und nachdem Teheran ab 1902 empfindlich hohe Zölle verlangte, konzentrierten sich die Händler immer mehr auf das unter britischem Protektorat stehende und bewusst zollfreie Reich der Maktoums. Es dauerte nicht lange, bis die Bevölkerungszahl in Dubai über 10000 stieg. Ein buntes Volk hatte sich eingefunden. Die meisten Häuser standen in Deira, am nördlichen Ufer des Creeks; Araber, Perser, Pakistani und Afghanen lebten dort inmitten von rund 400 Geschäften.
Die Bilder, die sich heute zwischen den traditionellen Booten, den Dhaus, bieten, erinnern an diese Zeit. Noch immer herrscht zwischen den Anlegestellen der Dhaus und jenen der Wassertaxis auf beiden Ufern des Creeks ein multikulturelles Treiben. Für 50 Fils, also rund 17 Cent, kann man den Wasserarm überqueren – und im Grunde kann man von diesen kurzen Fahrten nie genug bekommen. Umrahmt werden diese Szenen, die bei Sonnenuntergang die Stimmung Venedigs mit dem Flair Hongkongs vereinen, von berghoch gestapelten Waren, die noch immer zwischen Dubai und den benachbarten Ländern im Golf hin und her geschippert werden. Alles ist dabei: Baumaterial, Dünger, Plastikwaren ... Der Handel blüht wie zu allen Zeiten.

Alternativ denken

»Re-Export« ist das Schlagwort, das Dubai seit Jahrzehnten prägt. Um 1930 musste der amtierende Fürst, Scheich Rashid bin Saeed al-Maktoum, die Tatsache zur Kenntnis nehmen, dass in Japan eine Methode zur künstlichen Perlenzucht entwickelt worden war. Ab diesem Moment war klar, dass die traditionelle Arbeit der Perlensucher im Golf fortan nicht mehr wirtschaftlich sein würde. Ein wichtiges Standbein Dubais stand damit vor dem Aus, und es musste dringend eine alternative Einnahmequelle gefunden werden.
Eben zu jener Zeit entstand die Idee des Re-Exports: Güter aller Art wurden von den Kaufleuten zoll- und steuerfrei eingeführt und nach einer kurzen Zwischenlagerung am Kai des Creeks in die Nachbarländer reexportiert. Der Vorwurf der zollgeplagten Konkurrenten in anderen Golfländern lautete natürlich Schmuggel. Aber an der offiziellen Legitimität dieser Idee des Scheichs bestand ebenso wenig Zweifel wie an ihrem wirtschaftlichen Erfolg. Was heute auf den Kaimauern von den Re-Exporteuren zwischengelagert wird, sind Türme von Kisten mit elektronischen Geräten wie DVD-Player, Fernseher und andere Güter, die für so manchen Abnehmer noch die Welt bedeuten. Die interessierten Zielhäfen liegen gar nicht so weit entfernt: Iran zum Beispiel, der die Lieferungen von mehr oder weniger echten Levi's-Produkten unter anderem mit Kaviar und Teppichen dankt.

Der Handel blüht

So hatte Dubai also seine Position als Händlerparadies gefestigt, lange bevor 1966 das Ölzeitalter begann. Wichtige Infrastrukturen entstanden sogar viele Jahre zuvor. Die erste (britische) Bank eröffnete ihre Dubai-Filiale 1946, das damals einzige moderne Kranken-

1 *Dubai hat viele Gesichter, und die meisten sind modern.* – 2 *Es gibt hier nichts, was nicht glänzen will. Schon der Steg zum »Jumeirah Beach Hotel« ist ein imposantes Gebilde.* – 3 *Symbolträchtig erhebt sich mittlerweile auch das echte »The Palm Jumeirah« aus dem Wasser, und es macht seinem Planmodell alle Ehre.*

haus in der Region wurde im Jahr 1949 gebaut, und als Scheich Rashid, der Vater des heutigen Regenten, 1958 an die Macht kam, gab er einen modernen Flughafen in Auftrag und sorgte in der Stadt für Strom, fließendes Wasser und eine eigene Polizei.
Natürlich brachte das sprudelnde Öl einen weiteren Schub für den Aufschwung. Dubai wurde 1971 nach Ende des Schutzvertrags mit Großbritannien zum Gründungsmitglied der Vereinigten Arabischen Emirate – und somit auch ein Teil der OPEC. Das Land hatte zusammen mit den Nachbaremiraten die besten Karten, um im internationalen Geschäft kräftig mitzumischen. Aber zu keinem Zeitpunkt wurde Dubais Hauptaugenmerk als Handelsparadies verschoben. Die moderne Skyline, die in den Folgejahren entstand, spiegelt das Selbstbewusstsein des Emirats. »Do buy – kaufen Sie doch«, lautet das werbeträchtige Wortspiel mit seinem Namen. Diese Aufforderung ist ernst gemeint, überall. Dabei wird auch kein Unterschied zwischen den großen und den kleinen Fischen gemacht. Es geht um das Geschäft an sich, nicht um dessen Größe.

Familiendimensionen

Trotz des riesigen Handelsvolumens sind die Souks auf beiden Seiten des Creek in Deira und Bur Dubai auch heute noch die Seele des etwa eine Million Einwohner zählenden Stadtstaats. Hier ist noch der betörende Duft des Orients zu spüren – bei den Gewürzständen etwa oder in der Nähe der Parfumerien und überall dort, wo Weihrauch aus den Brennern steigt.
Immer wieder fallen dem Besucher in Dubai Fotos der Herrscherfamilie ins Auge. Sie zeigen den unauffälligen Regenten Maktoum, seinen Bruder und Finanzminister Hamdan und den dritten Bruder Mohammed. Er ist Kronprinz und Verteidigungsminister. Vor allem Letzterer ist in der Öffentlichkeit präsent. Als begeisterter Anhänger des Pferderennsports und natürlich auch auf seiner eigenen Internetseite (www.sheikhmohammed.co.ae). Übrigens: Der Onkel dieser drei Brüder, Ahmed, ist zugleich der Vorsitzende der Vereinigten Arabischen Emirate. Die Familienpolitik ist durchdacht, ebenso die Darstellung in der Öffentlichkeit. Beeindruckend ist auch der Vergleich zu den omnipräsenten Porträts von Sultan Qabus im Oman. Der Sultan gibt sich stets ganz und gar königlich und staatsmännisch, in vollem Schmuck oder auch traditionell gekleidet, dabei immer mit einer väterlich-zurückhaltenden Miene.
Die Maktoums hingegen strahlen modern, gelassen und mit Sonnenbrille von den Plakaten. Das ist kein Zufall. 1990, als Scheich Maktoum nach dem Tod seines Vaters Rashid zum Emir Dubais wurde, setzten die Mitglieder der Herrscherfamilie gemeinsam auf das moderne Dubai. Das »Desert Classic«, das prominente Golfturnier im Emirat, wurde in den Fahrplan der »Professional Golfer's Association« (PGA) aufgenommen, und in derselben Zeit wurde Dubai auch zum Gastgeber für Aufsehen erregende Tennisturniere, Boots- und Pferderennen, Wüstenrallyes und eine der größten Flugshows der Welt. Sogar der »Musikantenstadl« wurde zu Karl Moiks Zeiten schon mal hier aufgezeichnet.

Lichtjahre entfernt

»Jeder hat Träume«, sagt Mohammed der Kronprinz heute, »aber nur ein Leader hat die Möglichkeit, diese Träume zu verwirklichen.« Dubai gehört zu jenen unglaublichen Orten auf der Welt, wo es sich lohnt, Dinge zweimal anzusehen. Zumal es nicht auszuschließen ist, dass beim zweiten Mal schon wieder alles anders aussieht. Natürlich spielen Geschichte und Tradition eine große Rolle. Und so gibt es auf der Südseite des Creeks, in Bur Dubai, das Al Fahidi Fort, in dem die Geschichte des Landes mit lebens-

1

1 *Reges Treiben im Dubai Creek: Menschen und Waren werden mit dem Wassertaxi von Ufer zu Ufer geschippert.* – 2 *Aber auch das alte Dubai ist noch nicht verschwunden: Landschaft am Golf von Oman.* – 3 *Dubai setzt auf Bildung. Schließlich sollen die jungen Menschen die Zukunft des Landes sichern.*

2

3

1

2

großen Puppen, die durch lebensgroße Souks wandeln, dargestellt wird.
Ganz in der Nähe entstand ein umfassend restauriertes Stadtviertel, in dem auch das Flair der alten Zeiten mit den traditionellen Kühltürmen nachzuempfinden ist. Dass man sich aber langsam von der Vergangenheit verabschieden will, zeigt – vielleicht gar unfreiwillig – ein verhältnismäßig neues Ausstellungsgelände etwas weiter nördlich. »Heritage Village« heißt diese Einrichtung am südlichen Ufer des Creeks, und sie beinhaltet erstaunliche Szenen. Auf der einen Seite sieht man Beduinen, die inmitten künstlicher Dünen in einem originalgetreuen Zelt auf einem originalgetreuen Teppich sitzen und originalgetreue Datteln essen, und auf der anderen Seite traditionell gekleidete arabische Besucher, die interessiert und aufmerksam zusehen, wie man »einst« gelebt hat. Lichtjahre entfernt scheint der Gedanke, dass sich eben dieses Leben nur 100 Kilometer Luftlinie entfernt tatsächlich abspielt.
Saif Sultan Al Shamsi, der Managing Director von »The Palm«, funkelt noch immer einnehmend mit seinen Augen, wenn man ihn auf Dubai und die Pläne dieses Emirates anspricht. »Kommen Sie in spätestens zwei Jahren wieder«, sagt er, »und Sie werden sehen, dass wir alle unser Projekt verwirklicht haben.« Niemand könnte ernsthaft daran zweifeln, auch nicht, dass dieser Satz jedes Jahr im Zusammenhang mit neuen Projekten ausgesprochen und eingehalten werden wird.
So ist es auch nicht verwunderlich, dass es in Dubai, bevor die Zeit in großen Maßstäben gezählt werden kann, nicht nur die beiden riesigen Palmeninseln in voller Blüte zu sehen gibt, sondern darüber hinaus auch ein weiteres künstliches Skigebiet, vielleicht einen Regenwald in der Wüste, das größte Sportcenter und die umfangreichsten Unterhaltungsparks der Welt.

»Burj Al Arab« – das exklusivste Hotel der Welt

Eigentlich sollte es so sein, dass die Gesellschaft der »Leading Hotels of the World« aus jeder Metropole der Welt nur ein Hotel in ihren Kreis aufnimmt. Denn das ist eine klare Frage des Prestiges und eine logische Konsequenz des exklusiven Anspruchs. Schließlich soll der Name Programm sein – und so viele »Leading Hotels« kann es naturgemäß nicht geben. Aber weil Dubai etwas anders ist, und weil man sich hier in Sachen Exklusivität an keine Regeln halten will, sind in diesem Emirat Wunder gleichsam an der Tagesordnung. Daher ist die Liste der Hotels dieser Sonderklasse in Dubai besonders lang: Gleich mit sechs Adressen ist Dubai hier vertreten – mit dem »Al Bustan Rotana«, direkt beim Flughafen, dem »Emirates Towers Hotel«, das wie ein Signal aus der Skyline der Stadt herausragt, dem »Jebel Ali« mit seinem prominenten Golfplatz, dem »Al Maha Desert Resort« inmitten der Wüste und dem »Jumeirah Beach«, das wie eine riesige Welle am gleichnamigen Strand in der Abendsonne glitzert. Das sind ja nun aber nur fünf. Stimmt. Aus gutem Grund: Das sechste lässt sich beim besten Willen nicht in einem Atemzug mit den anderen nennen, auch wenn sie auf derselben Liste stehen und egal, wie exklusiv diese Liste auch sein mag. Das »Burj Al Arab« – zu Deutsch »Arabischer Turm« – gehört auch zur erlesenen Runde der »Leading Hotels of the World«, aber nirgends hat dieser Titel mehr Berechtigung als hier. Das »Burj Al Arab« ist eben einfach eine Kategorie ganz für sich. Unvergleichbar, unübersehbar, unübertreffbar.
Allein die Zahlen, die geradezu Schwindel erregend wirken, sprechen für sich: 40 Butler tun hier ihren Dienst, 202 Suiten stehen zur Verfügung, 900 Dollar kostet die günstigste Übernachtung und ein paar tausend Quadratmeter Blattgold wurden im Inneren verarbeitet.

»Pure sheer luxury«

Luxus in seiner reinsten und vollendetsten Form, so lautet nach den Worten des Managers Phillippe Charraudeau das Motto dieses Hotels. Da man diese höchsten Ansprüche auch architektonisch umsetzen und demonstrieren wollte, ist es nur logisch, dass das »Burj Al Arab« mit 321 Metern auch das höchste Hotel der Welt ist.
Nun könnte man glauben, dass der Luxus selbst hier Grenzen hat. Denn im Grunde bleibt eine Hotelübernachtung immer gleich:

1 *Zwei Symbole für die Moderne, die in Dubai zu spüren und vor allem zu sehen ist wie wohl an keinem anderen Ort in der arabischen Welt: ein Omani mit Handy am Ohr, dahinter das »Burj Al Arab«.* – 2 *Die Ausstattung des Hotels scheint Elemente aus »Star Wars« und »Tausendundeiner Nacht« zu vereinen.* – 3 *Und auch außerhalb der Hotelmauern setzt sich der Luxus fort, etwa in den gigantischen Kaufhäusern der Stadt.*

ein Bett, ein Bad, ein Tisch, ein Besuch im Restaurant … Es stellt sich nur noch die Frage, wie einladend ein Hotelzimmer sein kann, wie wunderbar ein Fensterblick, wie üppig eine Einrichtung. Irgendwann kann das Gebotene nicht mehr übertroffen werden. Aber wer das denkt, hat noch nie nach den Sternen gegriffen – und genau das ist schließlich die Spezialität dieses Hauses. Gleich in der Lobby wird man vom ersten Augenblick an in das Wunderland der neuen Dimensionen geleitet. »Bungeejumping« für die Augen, nur von unten nach oben. Über 300 Meter weit gleitet der Blick in die Höhe. Magisch ist die Anziehung, das menschliche Auge kann die Perspektive kaum erfassen. Zwei riesige Rolltreppen, ein überdimensionales Aquarium … und doch wirkt alles so klein im Verhältnis zum Innenschlund des opulent verzierten Turmes. Jedes Stockwerk wird von Balkonen verziert, die den jeweiligen Gästesuiten vorgelagert sind.

Und diese Suiten sind gigantisch: Zweistöckig sind alle, mit einer kompromisslosen Lust zur Vollständigkeit ausgestattet. Empfangshalle, Büro nebst Laptop, ein Wohnzimmer, dessen meterhohe Glaswand den Blick auf das Meer freigibt, ein in Gold gefasster Fernsehbildschirm und luxuriöse Polstermöbel, auf denen man gerne tausendundeine Nacht verweilen würde. Hinzu kommt der spezielle Eindruck, dass es sich gar nicht um ein Hotel handelt. »Das sind die Regular Suites«, sagt Louise Mulshaw, die PR-Dame, die uns durch das Hotel führt, und man kann nicht anders, als zu nicken. »Ja, selbstverständlich, die Regular Suites.« Aber was hat man sich dann unter einer Royal Suite vorzustellen? Zwei davon gibt es im Hotel, und zwar im 25. Stock. Jeweils mit eigenem Aufzug, Kino, Butler, Konferenzraum und einem rotierenden Bett, das alleine so groß ist wie ein ganzes Zimmer in einem anderen Hotel.

Verlockend und verführerisch

Natürlich hüllt Louise Mulshaw ihr Schweigen in ein freundliches Lächeln, wenn man sie fragt, wer denn nun die Gäste in diesen besonderen Zimmern seien. Und damit gibt sie zwei Antworten auf einen Streich. Das Schweigen verrät, dass es einerseits Menschen sind, die eben eine Kategorie bevorzugen, die außerhalb jeder üblichen Dimension ist. Das schließt das unterlassene »namedropping« seitens des Managements natürlich mit ein. Das Lächeln hingegen ist ein Hinweis darauf, dass es wohl auch viele Menschen gibt, die für einen Besuch in diesem arabischen Turm schon mal ihr Reisebudget überstrapazieren. Warum auch nicht? Das wirklich Erstaunliche an diesem Hotel ist, dass man sich diese Frage tatsächlich selbst zu stellen beginnt. Ein Wochenende mit der Liebsten, der Hochzeitstag mit der Frau? Es gibt viele Gründe, einmal das »Burj Al Arab« zu erleben, ohne hinterher gequält auf die Rechnung zu blicken und sich zu fragen, ob der Aufenthalt diese Summe nun wirklich wert war. Der Leitgedanke in diesem Hotel ist, dass es in seinen Leistungen absolut kompromisslos ist. Am Ende bedeutet das natürlich auch, dass der hohe Preis diesen Eindruck noch verstärkt. Ein Dialog zwischen zwei Freunden, von denen der eine gerade von einem Besuch im »Burj Al Arab« zurückkommt, könnte sich so abspielen: »Du, jetzt habe ich meinen ganzen dreizehnten Monatslohn in einen Hotelaufenthalt investiert, der nur ein Wochenende gedauert hat.« »Bist du völlig übergeschnappt? Wo warst du denn?« »Na in Dubai, im ›Burj Al Arab‹.« »Ist das nicht das luxuriöseste Hotel der Welt?« »Ja, genau, das ist es. Es ist das Leading Hotel of the World.« Manchmal muss es eben etwas mehr sein. Punkt.

1 *Künstlich geschaffene Oase: »Anything goes«, so lautet das Credo der Stadtplaner.* – 2 und 3 *Das Ambiente in den Suiten ist schlicht märchenhaft, man fühlt sich tatsächlich wie in einem orientalischen Traum.*

Seite 136/137
Schon vor seinen Pforten beeindruckt das »Al Qasr Hotel« im Madinat Jumeirah Resort mit atemberaubenden Details.

2

3

1

2

3

4

1 *Selbst im Umgang mit den islamischen Traditionen will man in Dubai moderner sein und strahlt seine Moschee des Nachts prunkvoll an.* – 2 und 3 *Im Freilichtmuseum »Heritage Village« werden mithilfe echter Schaupsieler die althergebrachten Lebensweisen des Landes lebendig gehalten.* – 4 *Ein Fischer am Dubai Creek macht sein Boot klar.*

Seite 140/141
1 *Eine gesellige Männerrunde in typischer Kleidung: weiße Dischdascha und auf dem Kopf bestickte Kumma.* – 2 und 4 *Das Festival im »Heritage Village« erinnert an Zeiten vor der Entdeckung des Erdöls.* – 3 *Bei allem Sinn für die Zukunft ist man in Dubai auch der Tradition und speziell der Kamelzucht und -haltung verpflichtet.*

Seite 142/143
Kamele in der Wüste Rub al Khali. Der Name der größten Sandwüste der Erde bedeutet zu Deutsch »Leeres Viertel« – zu Recht, wie man hier hinzufügen mag.

1

2

3

4

Omans & Dubais Top Ten

OMAN

Das Oman-Museum und Frankincense Museum

Ein guter Einstieg für Oman-Interessierte ist das Oman-Museum im Hauptstadtbezirk Qurum allemal. Es ist nur eines von mehreren lohnenswerten, aber das einzige, das sich dem Land an sich verschrieben hat. Ein Überblick über Geschichte, Architektur und Archäologie. Und dazu ein Blick in die Familiensaga des Sultans. Hier bekommt man erste Eindrücke des Landes geliefert und vor allem auch Ideen, wie man die bevorstehenden Ausflüge am besten gestaltet.
Ein weiterer Museumsbesuch empfiehlt sich für das Frankincense Land Museum in Salalah, wo man viel über die Geografie, Geschichte und Religion des Landes erfährt. Hier findet der Besucher außerdem traditionelle omanische Boote ausgestellt. Das Museum wurde im Juli 2007 eröffnet und findet sich im Archäologischen Park Al-Balid, der von der UNESCO auf die Liste des Weltkulturerbes gesetzt wurde.

Die Souks

Souks heißen die traditionellen Basare. Ein Besuch dort lohnt sich in jedem Fall. Die Auswahl ist riesig, und in Dubai lässt sich vor allem Gold und Goldschmuck zu günstigsten Preisen kaufen. Im Oman bekommt man außerdem die Gelegenheit, das berühmteste und teuerste Parfüm der Welt zu kaufen. Es heißt »Amouage«, und das Teuerste an dem Duftwasser ist in Wahrheit das Flakon. Wer viel Geld ausgeben will, kann seiner Liebsten ein Geschenk um 1400 Euro machen, wenn es der Liebsten mehr auf das Parfum ankommt, kann man auch ein simpleres Flakon verlangen.

Fjorde und Buchten

In Musandam am nördlichen Ende der arabischen Halbinsel gibt es eine atemberaubende Fjordlandschaft. Glasklare Wasserbecken zwischen zerklüfteten Felswänden geben den Blick frei auf Korallenbänke – ein Unterwasserparadies, ideal für alle Tauchfreunde.
Wer mit einer Dhau von Kashab aufbricht, kann die einzigartige Landschaft an der Straße von Hormuz in vollkommener Stille erkunden. Die 1700 Kilometer lange Küste Omans bietet zudem allerlei Bade-, Schwimm- und Schnorchelvergnügen.
Auch ein Besuch in der Badebucht des berühmten omanischen Hotels »Al Bustan Palace« empfiehlt sich. Sie liegt etwas südlich der Hauptstadt und darf gegen Bezahlung auch von Nicht-Gästen des Hotels genutzt werden.

Parks

Wer mit dem Oman nur ein trockenes Wüstenland verbindet, wird überrascht sein, die Pracht der Gärten und Parks im Land zu entdecken. Alle Parks sind kostenlos zugänglich und bieten einen guten Überblick über die Flora des Landes. Der Qurum-Naturpark wurde im Jahr 1993 eröffnet und ist mit 1 715 449 m² der größte in Maskat.
Sehenswert ist unter anderem auch der Rosengarten von Sultan Qabus. Vom internationalen Flughafen Seeb aus in Richtung Sohar lohnt sich auch ein Abstecher in den Naseem-Park, der 1985, nach elf Monaten Bauzeit, eingeweiht wurde. Er erstreckt sich über 750.000 m² und umfasst einen Arabischen Garten, einen Japanischen Garten, Volleyball- und Tennisplätze sowie eine Bibliothek. Außerdem findet man eine kleine Bahn, die quer durch das ganze Gelände fährt und vor allem bei Kindern äußerst beliebt ist, und ein Beispiel für das im Oman weit verbreitete Bewässerungssystem der Faladj.
Darüber hinaus empfiehlt sich ein Besuch im Riyam Park (bei Matrah), im Kalbou Beach Park (in Maskat), im Al Wadi Al Kabeer Park (Maskat), im Quiryat Lake Park (bei Wilayat), im A'Seeb Beach Park und im Al Sahwa Park (beide Maskat).

Festungen und Schlösser

Im Oman gibt es Hunderte von Burgen und Festungen. Diese immensen Bauwerke sind vor Jahrhunderten gebaut worden, um Eindringlinge abzuwehren.
Die Festung von Nakhl Fort (Al Batinah) ist eine Autostunde von Maskat entfernt. Diese Festung ist 350 Jahre alt und in ein wunderschönes Landschaftspanorama eingebettet. 1990 wurden dort Restaurierungsarbeiten durchgeführt.
Die Festung von Nizwa (Al Dakhlijah) ist 1668 fertiggestellt worden und steht inmitten der Straße, die in die ländlichen Regionen des Landes führt. Hier wurden die schwersten Kämpfe und Schlachten geführt und auch gesiegt. Die Festung von Bahla ist eine der ältesten noch erhaltenen Festungen im gesamten Oman, sie stammt aus dem 13. Jahrhundert und ist auf der Liste des Weltkulturerbes der UNESCO eingetragen. Die Stadtmauer ist 12 km lang und beinhaltet 132 Wachtürme. In der Hauptstadtregion gibt es drei weitere sehenswerte Festungen: Al Mirani, Al Djalali und das Matrah Fort.

Wadis

Wadis sind Schluchten bzw. ausgetrocknete Flussläufe, an denen die faszinierende omanische Landschaft am besten erlebt werden kann. Vorsicht ist nach

3

1 *Nichts schlägt einen Ausflug in die Wüste – auf Allradsafari im Emirat Dubai.* – 2 *Märkte, Souks und Basare bilden die Seele des Stadtstaats Dubai. Auf dem Markt ist immer etwas los.* – 3 *Die wehrhaften Forts in Musandam erzählen von einer bewegten Geschichte.*

starken Regenfällen geboten, weil die Straßen in die Wadis dann häufig überspült werden. Unter den Highlights der omanischen Wadis sind Wadi Gul bei Nizwa mit seinen auf fast 2000 m aufsteigenden Wänden und Wadi Tiwi nördlich von Sur. Dabei präsentiert sich das Tal am Anfang als grüne und fruchtbare Explosion. Die Schnittstelle zwischen den karstigen Klippen und dem fruchtbaren Boden ist messerscharf und beeindruckend. Hier noch plätscherndes Wasser, Leben und Wachstum im Überfluss, dort abweisende bereits Berge mit Schotterflächen als Krone. Immer wieder bildet der Bach kleine Tümpel, und wenn die Waschpulverschachteln nicht wären, würde das Wasser auch zum Trinken animieren.

Wahiba-Wüste

Gelb schimmert der Sand der Wahiba am Nachmittag. Rund 15 000 km² misst diese Wüste, die im Osten bis an den Indischen Ozean reicht. Im Gegensatz zu den größeren Geschwistern wie Sahara oder Rub al-Khali ist die Wahiba-Wüste kleiner und überschaubarer. Ein Wissenschaftlerteam hat die Wüste auf ihre Pflanzen und Tierwelt hin untersucht. Am Ende konnten rund 200 Tier- und 130 Pflanzenarten ausgemacht werden. Touren in die Wahiba-Wüste werden von vielen Hotels aus angeboten, wer im Umgang mit Geländewagen geübt ist, kann sich aber auch auf eigene Faust auf den Weg machen.

DUBAI

Die Architektur

Es klingt fast zu offensichtlich, um erwähnt zu werden. Aber die faszinierendste Sehenswürdigkeit von Dubai ist die Stadt, so wie sie ist. »Hans-guck-in-die-Luft« lautet das beste Prinzip, um das Aufregendste an Dubai nicht zu übersehen. In viele der architektonischen Meisterleistungen entlang des Creek kann man auch hineinspazieren. Manche sind Hotels, andere haben ein lohnenswertes Café. Das alte und logische Prinzip ist aber auch hier: Der beste Blickpunkt ist der, von dem man etwas Aufregendes sieht, und nicht unbedingt die Sicht, die man von dem aufregenden Blickfang aus hat. Golfer werden außerdem kaum am Dubai Creek Golf & Yacht Club vorbeikommen. Das Dach des Clubhauses zählt zu den meistgeknipsten Objekten des Emirates.

Als extravagantes Gebäude der Superlative gilt der »Burj Dubai«, heute Burj Chalifa genannt. Der im Januar 2009 fertiggestellte Wolkenkratzer ist 818 m hoch und wird in seinen verschiedenen Etagen ganz unterschiedlich genutzt. 54 Aufzüge stehen den Insassen zur Verfügung. Dabei erreicht der schnellste Aufzug, ein Doppelstockaufzug, eine Geschwindigkeit von 36 km/h und überwindet in gerade einmal 55 Sekunden einen Höhenunterschied von 500 m.

Der Creek

Ganz einfach die leichteste und doch ursprünglichste Sehenswürdigkeit des Trubelemirates ist dieser Wasserlauf im Zentrum der Stadt. Noch immer ist es ein multikultureller Trubel, der sich zwischen den Anlegestellen der Dhaus und jenen der Wassertaxis auf beiden Ufern des Creek abspielt. Für 50 Fils, also rund 17 Cent, kann man den Wasserarm überqueren, und im Grunde kann man selbst von diesen kurzen Fahrten nie genug bekommen. Die Boote sind auf sanfte Kollisionen eingestellt, jedenfalls passiert es die ganze Zeit. Bei dem Verkehrsaufkommen, vor allem am späten Nachmittag, wenn viele Menschen zu und von den Basaren, den Souks, unterwegs sind, eigentlich kein Wunder. Umrahmt werden diese Szenen, die bei Sonnenuntergang die Stimmung Venedigs mit dem Flair Hongkongs verbinden, von berghoch gestapelten Waren, die noch immer zwischen Dubai und den benachbarten Ländern im Golf hin und her geschippert werden. Alles ist dabei: Baumaterialien, Dünger, Plastikwaren … Der Handel blüht wie eh und je.

Auf der Südseite des Creek, in Bur Dubai, lohnt ein Besuch des Al Fahidi Forts, in dem die Geschichte des Landes mit lebensgroßen Puppen, die durch lebensgroße Souks wandeln, dargestellt wird, und ganz in der Nähe ist ein restauriertes Stadtviertel entstanden, in dem auch das Flair der alten Zeiten mit den traditionellen Kühltürmen nachzuempfinden ist.

Shopping

»Do buy« – diese mit Nachdruck formulierte Aufforderung entspricht einem typischen Charakterzug der Stadt. Pro Geschäftsjahr werden laut offizieller Statistik Waren im Wert von rund 25 Milliarden Euro in Dubai gehandelt.

Aber nicht die Ziffer ist das Entscheidende, sondern die Bewegung. In diesem Sinne sind die Souks auf beiden Seiten des Creek, in Deira und Bur Dubai, auch heute noch die Seele des turbulenten Stadtstaats. Hier ist auch noch der betörende Duft des Orients zu spüren. Bei den Gewürzständen etwa, oder in der Nähe der Parfümerien und überall dort, wo Weihrauch aus den Brennern aufsteigt.

1

2

Festivals & Events

OMAN

Kamelrennen

Immer wieder und an verschiedenen Orten im Oman werden Kamelrennen veranstaltet. Diese für die arabischen Länder wichtigen Sportereignisse gehören zu den Highlights für Besucher.

Maskat Festival

Das Festival mit Bildern und Szenen aus dem Leben und der Geschichte des Omans steigt jedes Jahr zwischen Januar und Februar mit Musik, Handwerksschauen und Sportattraktionen, dazu Pferderennen und sogar einer Fußball-Meisterschaft. Zum Programm gehört auch die Muscat Fashion Week, bei der zeitgenössische Mode aus der arabischen Welt vorgestellt wird (www.muscat-festival.com).

Salalah Khareef Festival

Mitte Juli bis August wird mit diesem Festival im Süden des Sultanats vor allem die Folklore des Oman hochgehalten. Gold- und Schmuckausstellungen laden zum Shoppen ein, Künstler und Dichter treten auf, und für die Kinder gibt es Delfinshows und einen Flugdrachen-Wettbewerb.

Internationales Salsa- & Tanzfestival

Seit 2011 wird immer im März oder April im »Al Nahda Resort« bei Barka zu lateinamerikanischer Musik das Tanzbein geschwungen. Internationale Tanzprofis, Dozenten und DJs bieten ein Wochenende lang Shows und Workshops zum Zuschauen und Mitmachen an (www.omansalsafestival.com).

Segelregatta Dubai–Maskat

Die 360 Meilen lange Regatta führt von Dubai durch die Straße von Hormuz nach Maskat. 1992 wurde sie erstmals veranstaltet und zieht seitdem alljährlich im November die Massen an, die am Ziel, der Marina Bandar Al Rhowdha, ausgelassen feiern (www.dosc.ae).

DUBAI

Dubai Summer Surprises

Unter dem Motto »Big Fun for Little Ones« gibt es jedes Jahr von Juni bis September in Dubais Zentrum Spaß und Unterhaltung für große und kleine Kinder. Shopping-Malls verwandeln sich in Indoor-Spielplätze und Event-Locations und laden während der zehn Themenwochen zu Wettbewerben, Shows, Spielen, Ausstellungen und andere Aktionen ein.

Dubai World Cup

Der seit 1996 jährlich stattfindende Dubai World Cup im März ist eines der bedeutendsten Pferderennen der Welt. Die besten Pferde und Jockeys der Welt reisen zu diesem Spitzenrennen an, bei dem es 6 Millionen Dollar zu gewinnen gibt. Das Rennen ist das Abschluss-Highlight des Internationalen Racing Carnival in Dubai, das im Januar startet und bis zum Dubai World Cup 11 Toprennen zählt. Seit 2010 findet das Rennen in der im Auftrag von Scheich Mohammed Bin Rashid Al Maktoum neuerbauten Stadt Meydan City statt. Die hiesige Rennbahn gehört zu den größten der Welt und bietet 60 000 Zuschauern Platz. Für die Besucher gibt es außerdem ein Luxushotel, sechs Gourmetrestaurants, ein Imax Theater und das Meydan Museum (Meydan Racecourse, Al Meydan Road, Nad Al Sheba, www.dubaiworldcup.com).

Dubai Tennis Championship

Die Dubai Tennis Championships, wichtige Turniere im Rahmen des ATP, finden zwischen Februar und März im Dubai Tennis Stadium und im Aviation Club statt. Daneben organisiert Dubai Duty Free auch andere Events im Bereich Sport und Film (www.dubaidutyfree.com).

Heritage and Diving Village

Das Heritage and Diving Village gibt einen ersten Einblick in die Kultur und das Leben in Dubai vor der Entdeckung des Erdöls, besonders in den Alltag des Seevolks, unter anderem als Fischer und Perlentaucher. Aber auch das traditionelle Leben der Beduinenvölker wird erklärt und beispielsweise von Töpferinnen und Händlerinnen lebhaft dargestellt. Wer die arabische Welt wirklich erleben möchte, sollte die Speisen an den Garküchen probieren, die während der »Show cookings« zubereitet werden. Auch wenn die Köchinnen offiziell eine Bezahlung ablehnen, freuen sie sich über ein paar Dirham (www.dubai.de).

Dubai Jazz Festival

Über 50 000 Fans werden jedes Jahr durch dieses hochklassige Jazzfestival im Februar/März nach Dubai gelockt. Musik verbindet dort Welten, und so kommt es zu musikalischen Brückenschlägen, die von traditionellen Percussions-Gruppen Dubais über den bekannten französischen Sänger Yves Carini bis hin zum gefeierten Jazz-Rock-Geiger Jean-Luc Ponty reichen (www.dubaijazzfest.com).

Dubai Marathon

Der Lauf findet jährlich im Januar statt und erstreckt sich vom Emirates Golf Club bis zum Dubai Media City Amphitheatre. Der Schnellste wird mit 250 000 Dollar entlohnt (www.dubaimarathon.org).

3

1 *Alljährlich begeht man in Maskat den Nationalfeiertag besonders ausgelassen. Frauen beim Fest im Sultan-Qabus-Stadion.* – 2 *Am Abend in einer Bar am Dubai Creek.* – 3 *Kamelrennen gehören zu den beliebtesten Events im Oman.*

Zeittafel

3500 bis 2700 v. Chr. Hafitperiode: Es ist die erste Kultur im Oman, die die Metallverar-beitung beherrschte.

Ab 2500 v. Chr. Der nördliche Oman wird zu einem bedeutenden Kupferexportland.

800 bis 700 v. Chr. Südarabische Stämme fallen im Oman ein, erstmals wird ein gewisser Oman, der Bruder eines Eroberers, als Gouverneur erwähnt.

563 v. Chr. Kyros II., der als Begründer des altpersischen Weltreiches gilt, erobert den Nordoman.

ab 100 v. Chr. Das berühmte omanische Bewässerungssystem *(Faladj)* entsteht.

23 bis 79 v. Chr. Der römische Schriftsteller Plinius der Ältere, bekannt durch seine Aufzeichnung des Vesuv-ausbruchs, erwähnt erstmals das Land »Ommana«.

0 bis 100 n. Chr. Der Seehandel zwischen den Nordküsten des Indischen Ozeans und Ostafrika erblüht.

Um 300 Der Weihrauchexport in den Vordreren Orient und Mittelmeerraum wird zu einem bedeutenden Handelszweig.

570 bis 632 Lebenszeit des Propheten Mohammed.

622 Mit dem 16. Juli beginnt die islamische Zeitrechnung. Historischer Bezugspunkt ist die Pilgerreise des Propheten Mohammed von Mekka nach Yatrib-Medina.

630 Mit einem Brief Mohammeds, der durch Amr Ibn All As überbracht wird, beginnt die Islamisierung Omans. Mohammed kehrt nach Mekka zurück.

658 Ein religiöser Kompetenzstreit führt zur Spaltung des Islams in Sunniten und Schiiten.

Um 660 Beginn des regelmäßigen Handels mit China.

683 Der islamische Gelehrte Abdullah Ibn Ibadh lehrt im heute irakischen Basra. Seine Interpretation der prophetischen Gesetze wird zur Grundlage der omanischen Glaubenslehre, der Ibadiya.

892 bis 965 Blüte des Hafens von Sohar, dem größten der islamischen Welt.

1498 Der Portugiese Vasco da Gama begründet den Seeweg nach Indien. Omanische Historiker gehen davon aus, dass der berühmte Seefahrer einen omanischen Navigator hatte.

1506 bis 1508 Der portugiesische Admiral Alfonso de Albuquerque erobert die omanischen Hafenstädte Qalhat, Quriyat, Maskat und Sohar sowie Hormuz im heutigen Iran.

1587 bis 1588 Die Festungen Djalali und Mirani werden von den Portugiesen fertig gestellt.

1640 Der Imam Nasir Ibn Murshid, der 16 Jahre zuvor gewählt worden war, erobert Maskat und Matrah von den Portugiesen zurück.

1646 Imam Nasir schließt einen Handelsvertrag mit der englischen East India Company ab.

1718 bis 1747 Infolge eines Bürgerkriegs im Oman zerfällt das Imperium, persische Truppen erobern das Land.

1840 Erste offizielle Delegation der USA zu Besuch im Oman.

1964 Im Oman stößt man auf erste nennenswerte Ölfunde, zwei Jahre später auch in Dubai.

1967 Oman beginnt mit dem Export von Erdöl.

1971 Der Oman wird Vollmitglied der Vereinten Nationen. Die sechs Scheichtümer des Britisches Protektorats, Abu Dhabi, Dubai, Sharjah, Umm Al-Quhawain, Ajmam und Fujairah, schließen sich zu den Vereinigten Arabischen Emiraten (VAE) zusammen.

1993 Oman wird in den Weltsicherheitsrat der Vereinten Nationen gewählt.

1996 Am 2. Dezember feiern die VAE ihr 25-jähriges Gründungsjubiläum. Im Oman wird die erste Verfassung proklamiert.

2000 Die erste Ladung Flüssiggas wird für den Export verschifft.

2008 Die erste der drei künstlichen Inseln des Projekts »The Palm Jumeirah« wird eröffnet, die ersten Teile der Mega-Stadt »Dubai Marina« und von »Dubailand« werden vervollständigt.

2009 Die erste Linie der »Dubai Metro«, das längste vollautomatisierte U-Bahn-Netz der Welt, wird eröffnet.

2010 Der »Burj Dubai«, heute Burj Chalifa genannt, wird eröffnet und gilt mit 818 m und 206 Stockwerken als höchstes Gebäude der Welt.

2011 Geplante Eröffnung des Passagierterminals des 2010 fertig gestellten Superflughafens Al-Maktoum Airport.

1

2

Übernachten & Genießen

Maskat, die Hauptstadt

Maskat ist nicht nur die Hauptstadt eines Sultanats, sondern auch ein Spiegel des politischen Programms jenes Sultans, der sein Land geprägt hat. Damit ist die Hauptstadt, die eine eigenständige Region mit mehreren Teilen bildet, ein perfekter Einstieg für die ersten Tage des Kennenlernens. Von jedem Hotel aus lassen sich auch Touren bestellen, mit denen das übrige Land besser erkundet werden kann. Doch auch ansonsten findet man in der Hauptstadtregion viel Sehenswertes, von Museen bis zu Promenaden.

Übernachten

Al Bustan Palace Hotel
Das Hotel für gehobene Ansprüche und Staatsgäste, aber auch für Pauschalreisende (kann im Internet gebucht werden). In diesem sehenswerten Gebäude gibt es alles, was man erwartet, Segeln und Tauchen inklusive. Die Preise sind allerdings keineswegs mit denen entsprechender Adressen in anderen Ländern vergleichbar: Luxus ist hier bereits ab 120 Euro zu haben (wenn man ein Paket bucht).
P.O. Box 1998, Mutrah, Maskat, Tel. +968 24 79 96 66, Fax +968 24 79 9600, www.al-bustan.intercontinental.com

Grand Hyatt Regency
Luxus auch hier, aber privater Natur und in einem erstaunlichen Ambientemix aus Jemen, Europa und Oman. Von allem gibt es hier das Feinste. Die Zimmer sind elegant, und die Bar birgt sogar einen Piratenschatz. Wer sich's leisten kann, wird hier perfekt bedient – selbst an einem der traditionellen Tischchen im Foyer.
P.O. Box 951, Qurm, Maskat, Tel. +968 24 64 12 34, www.muscat.grand.hyatt.com

Marina Hotel
Eines der günstigeren freundlichen, sauberen Hotels. Direkt an der schönen Strandpromenade der Hauptstadt. Alles Sehenswerte ist von hier aus erreichbar und von manchen Zimmern aus sogar sichtbar.
P.O. Box 500, Matrah, Maskat, Tel. +968 24 71 17 11, Fax +968 24 13 13, marina@omantel.net.com

Genießen

Copper Chimney
Spitzenküche zu akzeptablen Preisen, vorwiegend indisch. An vorbestimmten Tagen werden traditionelle Speisen serviert.
Markaz Mutrah Al-Tijari St, Ruwi Maskat, Tel. 70 64 20

Aladdin
Der Name verspricht Verzauberung, dabei geht es hier recht realistisch zu, vor allem in Bezug auf die Preise. Im Angebot ist ein erfreuliches Sortiment aus den Kochtöpfen verschiedener Nationen.
Al-Khuwair Roundabout, Maskat, Tel. +968 84 37 01

Wahiba, Sur und Wadi Tiwi

Gleich drei grandiose Sehenswürdigkeiten befinden sich etwas südlich der Hauptstadt: die Wahiba-Wüste, eine kleine, aber umso lohnendere Wüste, die man in (geübter) Eigenregie oder mit einem Fahrer erkunden kann; Sur mit seinen Fischmärkten und Werften, und die großen Wassertäler, die Wadis. Sie alle versprechen orientalisches Flair pur, zu erleben am besten auf einer Tour mit dem Mietwagen von Maskat aus. Das Ziel aller Umwege ist Sur.

Übernachten

Al-Areesh Desert Camp
Schlafen wie die Beduinen – fast zumindest. Denn ganz so will man es im Urlaub vermutlich lieber nicht haben. Aber einmal zum Schlafen in die Wüste geschickt werden, ist ein erinnerungswürdiges Erlebnis.
Infos (auch für 4-WD-Touren) unter: Desert Discovery Tours, P.O. Box 99, Madinat Al Sultan Qaboos, Tel. +968 24 49 32 32, Fax: +968 24 49 01 44

Nizwa

Mehr als anderswo liegt der Nabel des Landescharakters in der Wiege des religiösen Zentrums. Und die Suche dessen, was das Sultanat ausmacht, führt zwangsläufig auch nach Nizwa. Hier gibt es Orientalisches in seiner lebendigsten Form zu entdecken: auf den Märkten von Nizwa, in den Burgen, die inzwischen von der UNESCO geadelt wurden, und natürlich in den atemberaubenden Schluchten, die sich unter den Bergen in dieser Gegend auftun.

Übernachten

Golden Tulip Nizwa Hotel
Fast zwangsläufig die erste zu nennende Adresse, aber dieses sehr ansprechende Haus muss man rechtzeitig buchen. Das Restaurant erfüllt alle Wünsche und die Zimmer ab 140 Euro alle Ansprüche.
P.O. Box 1000, Nizwa, Tel. +968 25 43 16 16

Falaj Daris Hotel
In diesem typischen, aber modernen Haus sind die Zimmer rund um einen Pool angeordnet. Einfach in der Ausstattung, ein bisschen außerhalb von Nizwa gelegen und perfekt, um sich in ruhigem Flair von den Wanderungen in der Gegend zu erholen. Die Doppelzimmer gibt es ab 66 Euro.

1 *Datteln gehören im Oman zu den Grundnahrungsmitteln.* – 2 *Das Heritage and Diving Village in Dubai ist ein bevorzugter Treffpunkt für Fischer, Beduinen und Touristen.* – 3 *Auch von Weitem schon beeindruckend: das »Burj Al Arab« in Dubai.*

P.O. Box 312, Nizwa,
Tel. +968 25 41 05 00, fdh
nizwa@omantel.net.om

Dhofar und Musandam

Die beiden Antipoden des Sultanats sind ganz eigenständige Teile desselben. Musandam mit seinen Fjorden, ganz im Norden des Landes, ist raue Natur. Das Land an der schicksalhaften Meerenge von Hormuz ist landschaftlich ein Kapitel für sich. Dhofar im Süden hingegen ist das Land des Weihrauchs und am besten von der Hauptstadt aus mit dem Flugzeug erreichbar, denn der Flughafen von Salalah ist kein internationaler. Ein Ausflug in diesen Süden ist auf jeden Fall lohnend. Hier, nahe der Grenze zum Jemen, hatte sich 1970 das Blatt gewendet, hier drohte die Revolution des Jemen auch in den Oman überzuschwappen.

Übernachten

Hilton Salalah

Nobel und ruhig, mit allem, was das Herz begehrt. Das Meer ist einladend, die Zimmer sind hervorragend. Besonders zu empfehlen ist ein Besuch im Strandrestaurant. Der Park, der zwischen Hotel und Meer liegt, lädt zum beschaulichen Wandeln ein. Doppelzimmer sind ab 81 Euro zu haben.
P.O. Box 699, Salalah 211,
Tel. +968 23 21 12 34,
www.hilton.com

Beach Villas

Kleine Apartments direkt am schönen Strand, eine echte Alternative zu den großen Hotels, da auch noch entsprechend günstiger. Doppelzimmer kann man hier schon ab 50 Euro mieten.
P.O. Box 20, Salalah,
Tel. +968 23 59 99,
www.beach-villas-salalah.com

Dubai

Besucht man zuerst den Oman und dann Dubai, wandelt man hin- und hergerissen zwischen Bewunderung und Sehnsucht durch den Trubel dieses Emirats. Faszinierend ist eine Reise hierher aber allemal, und der Vergleich zwischen den beiden Ländern wird oft als Zeitreise in Sekundenschnelle empfunden. Am Ende stellt man fest, was die Herrscher im Emirat sicher gerne hören: Dubai ist eine Kategorie für sich: purer Luxus im Burj Al Arab, Einkaufszentren, der Creek, die Basare …

Übernachten

Burj Al Arab

Keine Chance, dieses Hotel nicht an die erste Stelle zu setzen. Der Preis spielt hier eigentlich keine Rolle, denn alles am Burj Al Arab, dem »Arabischen Turm« liegt außerhalb jeder Kategorie – von den Suiten und Apartments bis zu den angeschlossenen Restaurants. Zimmer gibt es hier keine, dafür Wohnungen ab 750 Euro. Etwas günstiger (für knapp unter 600 Euro) bekommt man das Erlebnis über diverse Touranbieter.
P.O. Box 74147, Jumeirah Rd, Dubai, Tel. (aus Deutschland): 0800/182 80 00,
www.jumeirah.com

Al Maha Desert Resort

Purer Luxus mitten in der Wüste. Das Hotel, eines der »Small leading hotels of the world«, liegt etwa 45 Minuten von Dubai entfernt. Dafür lässt sich hier wirklich feinstes Feeling mit blankster Wüste kombinieren. Wer will, kann sich sein Dinner inmitten von Dünen servieren lassen und danach im privaten Pool plantschen. Er muss dafür aber auch mit rund 1000 Euro pro Suite rechnen.
P.O. Box 118887, Dubai,
Tel. +971 48 32 99 00,
www.al-maha.com

Al Bustan Rotana

Ganz in der Nähe des Flughafens gelegen und dennoch eine ganz besondere Adresse. Das Al Bustan gehört zu den »Leading Hotels of the World« und damit zu einer Kette, die auf kompromissloses Niveau Wert legt. Im Vergleich zu vielen anderen Luxushotels dieser Kategorie ist es außerdem noch relativ günstig: Ein Doppelzim-mer ist schon ab 112 Euro zu haben.
Garhoud Area, Dubai,
Tel. +971 42 82 00 00,
www.lhw.com/albustan

Time Palace Hotel

Quasi geschenkt und von Indern und Pakistani gerne besucht. Eine einfache Alternative zum übertriebenen Prunk der anderen Hotels und nur einen Steinwurf vom Seidenbasar entfernt. Doppelzimmer ab 80 Euro.
Juma Masjid Rd, Dubai,
Tel. +971 43 53 21 11

Genießen

Die meisten guten Restaurants gehören zu einem der hiesigen Hotels, auch weil die Hotels über Alkohollizenzen verfügen. Einige Ausnahmen:

Hatam Restaurant

Kebab im Original – super, um den Hunger zu stillen, ohne tief in die Tasche greifen zu müssen.
Bani Yas St, Dubai,
Tel. +971 42 64 26 66

Sphinx

Kulinarische Fantasien mit thematischen Entlehnungen aus Ägypten. Aber der Rest ist einfach und wortwörtlich genießbar.
Pyramids Center, Dubai,
Tel. +971 43 24 00 00

1

2

Oman & Dubai von A bis Z

Allgemeine Regeln

Zwangsläufig ergeben sich im Oman und in Dubai mancherorts wegen der arabischen Schrift Orientierungsprobleme. Allerdings sind die meisten Namen großer Straßen in den Städten (und in Dubai fast alle) auch in englischer Sprache angeführt. Probleme kann es allerdings trotzdem geben. Denn nicht immer lässt sich von der englischen Schreibweise auf die arabische Aussprache schließen und umgekehrt.
Der Tipp: Lassen Sie sich im Hotel eine genaue Wegbeschreibung mitgeben, wenn Sie mit einem Mietwagen unterwegs sind, oder vertrauen Sie den Taxifahrern, die meistens (in Dubai fast immer) verhältnismäßig gut Englisch sprechen.

Alkohol

Generell bekommt man in öffentlichen Lokalen keinen Alkohol. Auch die Einfuhr von Alkohol ist nicht erlaubt. Einzige Ausnahme bilden die Touristen, die bei ihrer Einreise auf dem Luftweg, nicht beim Landweg, eine Flasche Alkohol mit sich nehmen dürfen. Davon abgesehen bekommen aber die meisten größeren Hotels und manche Restaurants Lizenzen zum Verkauf alkoholischer Getränke. Nur an den hohen religiösen Feiertagen und natürlich im Fastenmonat Ramadan bekommt man auch dort nicht immer alkoholische Getränke.

Anreise

Flüge in den Oman gibt es von Frankfurt mit Gulf Air, Qatar Airways, British Airways und KLM. Die Preisen variieren, Richtwert ist etwa ab 420 Euro hin und zurück. Der einzige internationale Flughafen des Omans ist in der Hauptstadt Maskat. Die Anreise per Flug ist allerdings auch über den internationalen Flughafen von Dubai möglich: Von dort ist ein Flug in den Oman leicht buchbar, ebenso möglich ist die mehrstündige Fahrt durch die Wüste, um Oman zu erreichen.
Visa kann man zwar auch am Flughafen in Maskat bzw Dubai bekommen, sinnvoll ist aber auch der vorgehende Antrag bei der Botschaft (siehe unter Botschaften).

Apotheken

Medikamente gibt es sowohl in den Apotheken der Städte als auch auf einigen der Märkte (Souk). Im amtlichen Telefonbuch findet man auf den ersten Seiten eine Übersicht aller Apotheken und Krankenhäuser des Landes.

Ärzte

Die medizinische Versorgung entspricht heute sowohl in Dubai als auch im Oman modernen Standards. Neben zahlreichen Privatkliniken gibt es im Oman auch sieben staatliche Krankenhäuser und mehrere medizinische Zentren, Englisch wird überall gesprochen. Da die medizinische Versorgung für alle Omanis zwar kostenlos, aber für Touristen kostenpflichtig ist, ist eine Auslandsversicherung empfehlenswert.

Auskunft

Eine sehr brauchbare erste Quelle für Informationen über das Land bietet das Internet. Sowohl für Dubai (www.dubai.de) als auch für den Oman (www.oman.de), der seine Seite im August 1999 eingerichtet hat.

Auto

Im Gegensatz zu Dubai, dessen Sehenswürdigkeiten sich hauptsächlich auf die Stadt konzentrieren und wo die öffentlichen Verkehrsmittel (auch Boote auf dem Creek) genügend Mobilität garantieren, ist die beste Möglichkeit, das Sultanat Oman zu erkunden, sich ein Auto zu mieten. Gefahren wird rechts, die Beschilderung entlang den regulären Straßen ist zweisprachig gehalten. Für Ausflüge in die Wüste oder die Wadis (Täler) und Fahrten in die Berge Zentralomans sollte man sich mit einer guten und aktuellen Karte ausrüsten. Außerdem ist Erfahrung im Umgang mit Geländewagen auf schwierigem Terrain äußerst nützlich. Seit 1996 gilt auf den vorderen und hinteren Sitzen Gurtpflicht. Frauen und Männer sind als Fahrzeuglenker gleichberechtigt, die Höchstgeschwindigkeit beträgt generell 120 km/h, in Ortschaften und in den Wadis liegt sie meistens bei 40 km/h. Die Modernisierung des Oman schlägt sich übrigens nicht nur in den Straßen nieder, sondern durchaus auch in der Radarausrüstung der Straßenpolizei. Darüber hinaus sind alle Fahrzeuge im Oman mit einem Warnsystem ausgestattet, das erbarmungslos ab der Höchstgeschwindigkeit tönt. Auskünfte über Mietwägen sind in den Hotels zu erhalten.

Botschaften

In Deutschland
Botschaft des Sultanats Oman, Clayallee 82, 14195 Berlin; Tel. 030/8100500, Fax: 030/8105551-97/-98, botschaft-oman@t-online.de
In Österreich
Botschaft des Sultanats Oman, Währingerstraße 2–4, 1090 Wien, Tel. 01/3108643

3

1 Endpunkt: die Straße von Hormuz im extremen Norden Omans. – 2 Das Burkha Fort in Musandam. – 3 Schuhverkauf im Stadtteil Bur Dubai am Dubai Creek.

In der Schweiz
Botschaft des Sultanats Oman, Chemin de Roilbot, CH-1292 Chambésy,
Tel. +41(022)758 96 60,
Fax +41(022)758 96 66,
mission.oman@itu.ch
Im Oman
P.O. Box 128, Ruwi, Maskat,
Tel. +968 24 83 24 82, Fax
+968 24 83 56 90, info@maskat.diplo.de, www.maskat.diplo.de

Datteln

Datteln sind gewissermaßen das Grundnahrungsmittel der Omani und hier vor Ort tatsächlich so gut wie nirgendwo sonst auf der Welt. Wer nach dem Glauben der Omani einen Dattelbaum besitzt, hat Nahrung fürs Leben, Schatten für die Ruhe und Holz, um sich eine Hütte zu bauen. In diesem Sinne ist es auch kein Zufall, dass das ehrgeizige Landgewinnungsprojekt in Dubai – The Palm – die Form einer Dattelpalme hat.

Elektrischer Strom

Sowohl im Oman als auch in Dubai ist die Stromspannung mit jener in Deutschland kompatibel (220–240 V). Allerdings benötigt man häufig Adapter, die man entweder mitbringen kann oder im Hotel erhält.

Einreise

Für die Einreise in den Oman benötigt man einen Reisepass, der noch mindestens sechs Monate lang gültig ist. Zusätzlich verlangt der Oman ein gültiges Visum, das man entweder in der Botschaft im Heimatland erhält oder sich am Flughafen für maximal zwei Wochen ausstellen lassen kann. Für Dubai reicht der (ebenfalls noch sechs Monate gültige) Reisepass. Am Flughafen von Dubai erhält man ein kostenloses Visum für 30 oder 60 Tage. Die jeweils aktuellen Regelungen sollte man direkt vor der Reise bei der eigenen Botschaft erfragen.

Feiertage

Das islamische Wochenende beginnt Donnerstagmittag, Samstagfrüh ist dafür wieder normaler Geschäftsbetrieb. Im Gegensatz zu Dubai halten sich die Geschäftsleute im Oman meistens sehr streng an diese Ruhezeiten.
In allen islamischen Ländern wird der Ramadan, der Fastenmonat, ernst genommen. Das genaue Datum dafür wird jedes Jahr neu festgelegt und richtet sich nach dem islamischen Mondkalender. Ungefähr verschiebt sich der Ramadan jedes Jahr um einen Monat Richtung Jahresbeginn. 2004 war der Ramadan im Oktober. In dieser Zeit sollte man es vermeiden, unterwegs auch Kleinigkeiten vor den Augen der fastenden Menschen zu essen. In den Hotels und Restaurants hingegen ist es kein Problem. Am Ende des Fastenmonats wird mit Musik und Tanz gefeiert.
Im Oman ist der größte Feiertag der 18. November, der Geburtstag des Sultans. Eine Woche lang wird dieser im ganzen Land ausgiebigst gefeiert, wobei auch Touristen willkommen sind. Rasante Kamelrennen, farbenfrohe Volkstänze, zahlreiche Konzerte und Theater sind dabei unter anderem geboten. In den Vereinigten Arabischen Emiraten sind der zweite und dritte Dezember die Nationalfeiertage.

Frauen unterwegs

Sowohl im Oman als auch in Dubai gibt es keine Probleme für Frauen, die alleine unterwegs sind. Es könnte zwar aus muslimischer Sicht ungewöhnlich erscheinen, dass eine Frau alleine unterwegs ist, gefährlich ist es aber nie. Allenfalls könnte die allein reisende Frau darauf direkt angesprochen werden, warum sie denn alleine unterwegs ist, und das Interesse arabischer Männer anregen. Ein »belehrender« Hinweis auf die moderne, eigenständige Frau wäre in diesem Zusammenhang überflüssig. Eher schon nützlich ist die auch improvisierte Mitteilung, dass man verheiratet oder verlobt ist. Als allein reisende Frau ist es durchaus möglich, über den eigenen Familienstand ausgefragt zu werden. Das muss an sich keine »Anmache« sein, sondern einfach echte Neugierde. Empfehlenswert ist es in jedem Fall, bei der Wahl der Kleidung darauf zu achten, nicht zu freizügig zu sein.

Geld

Die offizielle Landeswährung im Oman ist der Rial Omani (R.O.), der in 1000 Baizas unterteilt wird. Ein R.O. entspricht ungefähr 2 Euro; aktuelle Angaben finden Sie unter www.oanda.com oder auf der offiziellen Website des Oman, www.tourism-oman.com.
In den Städten ist der Geldwechsel und auch das Abheben vom Geldautomat kein Problem. Wer sich aber im Hinterland aufhält, sollte die Landeswährung bei sich haben. In den Hotels und für größere Beträge sind Kreditkarten willkommen. Wichtig: Die Einfuhr israelischer Landeswährung ist im Oman nicht erlaubt.
In Dubai ist die offizielle Landeswährung der Dirham (Dh), der sich in 100 Fils aufteilt. Ein

1

2

Oman & Dubai von A bis Z

Dirham entspricht ca. 0,20 Euro. Wechselstuben gibt es an zahlreichen Orten, so auch auf den Basaren (Souks). Internationale Kreditkarten werden auch überall gerne genommen.

Hotels

Der Standard der Hotels im Oman und in Dubai ist im Allgemeinen sehr hoch.
Die größte Auswahl von Hotels im Oman findet sich in der Hauptstadtregion. Von purem Luxus bis hin zu Standard-Unterkünften ist hier alles zu haben. In den anderen Regionen, also im Hinterland und im Süden des Landes, sind die Hotels weniger zahlreich vertreten, weshalb es sich lohnt, im Voraus zu buchen.

Informationen

Oman
Ministry of Tourism
P.O. Box 200, P. C. 115,
Madinat Al-Sultan Qaboos,
Maskat, Sultanat Oman,
North Ghobrah
Call Centre: +968 80 07 77 99,
Tel. +968 24 58 87 00,
Fax +968 24 58 88 80,
www.omantourism.gov.om
Dubai
Dubai DTCM
Bockenheimer Landstraße 23,
60325 Frankfurt;
Tel. 069/71 00 02 0,
Fax 069/71 00 02 34, Internet:
www.dubaitourism.ae

Impfungen

Spezifische Impfungen sind weder für den Oman noch für Dubai zwingend. Empfehlenswert bleibt aber immer die Impfung gegen Hepatitis A und B sowie gegen Typhus.

Kleidung

Grundsätzlich empfehlenswert ist es, leichte Baumwollkleidung, für den Abend einzupacken, daneben eine Jacke oder einen leichten Pullover. Auf den hohen Bergen des Oman kann es am Abend recht kühl werden.
Wie in allen islamischen Ländern ist es im Oman und auch im freizügigeren Dubai angeraten, nicht allzu viel Haut zu zeigen. Schulterfreie Kleider, Miniröcke und zu große Ausschnitte könnten bei der eher konservativ eingestellten Bevölkerung leicht als Provokation empfunden werden.
Kurze Hosen bei Männern wirken in arabischen Augen lächerlich, weil sie der dort üblichen Unterwäsche entsprechen.
Handelsübliche Bademoden sind kein Problem, aber selbst an einsamen Stränden sollte man nicht in Versuchung geraten, oben ohne oder gar ganz nackt zu baden.

Klima

Grob gesprochen gibt es im Oman und in Dubai zwei Jahreszeiten, den Sommer und den Winter, wobei die Temperaturen praktisch nie unter 20 Grad sinken. Im Sommer steigt das Thermometer dafür bisweilen auf 40 Grad.
Die beste Reisezeit ist in den Wintermonaten, die von Oktober bis April reichen.
Regen fällt im Winter nur unwesentlich stärker als im Sommer. Die Hotels verfügen in den meisten Fällen über moderne Klimaanlagen. Die Wassertemperaturen schwanken zwischen 23 Grad im Winter und 29 Grad im Sommer.

Musik

Von den für Touristen veranstalteten Abenden mit Bauchtanz und ähnlichen Events einmal abgesehen, hört man im Oman und in Dubai nur wenig ursprünglich arabische Musik. Wer bei den Nationalfeiertagen im Land ist, kann aber die ganze Bandbreite traditioneller Musik erleben.
In der Regel sind es Perkussionsinstrumente und Flöten, die die gängige Musik bestimmen.
Im Oman gibt das nationale Symphonieorchester immer wieder Konzerte, die der Stolz des Landes, nicht unbedingt aber die hohe Kunst der Symphonik sind. In Dubai werden zudem regelmäßig die großen Stars zu Konzerten verpflichtet.

Nachtleben

Das Nachtleben im Oman und in Dubai spielt sich hauptsächlich in den Hotels ab, nachdem nicht alle Restaurants bzw. Bars eine Alkohollizenz haben.
In Dubai ist vergleichsweise mehr los. Dort gibt es auch inoffiziell nach westlichen Maßstäben mehr zu kaufen, als es der Islam erlaubt.

Preise

Auf den Basaren (Souks) im Oman und in Dubai wird grundsätzlich davon ausgegangen, dass um den Preis gefeilscht wird. Es ist Teil der nationalen Handelskultur, und der zuerst genannte Preis lässt sich dabei ungefähr um gut 30 % senken.
In Restaurants, Hotels und offiziellen Geschäften hingegen sind die Preise meist Fixpreise, ebenfalls in den Taxen im Oman und bei den Booten, die in Dubai den Creek überqueren.

Shopping

Dubai ist als Shoppingparadies berühmt. Einmal im Jahr veranstaltet das Emirat sogar ein Shoppingfestival, bei dem von

1 *In stimmungsvoller Lage: ein Gebetshaus in Musandam.* – 2 *Das Clubhaus des Dubai Golf Club.* – 3 *Ein Mädchen in Musandam.*

elektronischen Geräten bis hin zu Luxusautos alles zu Sonderpreisen erworben werden kann. Daneben bieten die Wochenmärkte und die ständigen Basare jede Gelegenheit, von Kleidung über Schmuck bis hin zu Gewürzen aller Art sämtliche Waren zu guten Preisen zu erhalten. Auch bei offiziell erworbenen Kunstgegenständen gibt es keine Probleme bei der Ausfuhr.

Sicherheit

Im Oman und in Dubai braucht man praktisch keine Angst vor Diebstählen zu haben, denn Diebe werden in diesen Ländern äußerst hart bestraft. Trotzdem sind die üblichen Vorsichtsmaßnahmen sinnvoll. Bei allem Vertrauen sollte niemand beispielsweise Wertgegenstände unbeaufsichtigt am Pool liegen lassen.

Sport und Freizeit

Die Sport und Freizeitaktivitäten im Oman sind im Wesentlichen die, die von den Hotels organisiert werden: Schnorcheln, Tauchen, Tennis, Surfen und Segeln gehören zum gängigen Angebot. Darüber hinaus wartet Dubai mit zum Teil prominent besetzten Golfturnieren auf. Ein erinnerungswürdiges Erlebnis sind in beiden Ländern die Kamelrennen, die auch durchaus sportlichen Charakter haben.

Sprache

Sowohl im Oman als auch in Dubai kommt man mit Englisch fast überall durch. In den Hotels wird zumeist fließend Englisch gesprochen, und auch die Restaurants sind natürlich auf ausländische Touristen eingestellt.
Trotzdem wird es als freundlich empfunden, zumindest die arabische Begrüßungsformel (*as-salaamu 'alaikum*, Friede sei mit dir) zu beherrschen. Bei Taxifahrten im Oman empfiehlt es sich zudem, sich die Adresse in arabischer Sprache einzuprägen bzw. sie sich vom Hotel aufschreiben zu lassen.

Telefon

Die Handynetze im Oman und in Dubai funktionieren über entsprechende Roamingverträge praktisch im ganzen Land einwandfrei. Wer die zum Teil hohen Kosten scheut, kann auf ein gut ausgebautes Netz von öffentlichen Telefonzellen zurückgreifen, die unter anderem an vielen Straßenecken, in Kaufhäusern, Supermärkten und Tankstellen zu finden sind. Die meisten Telefonapparate sind Kartentelefone, Telefonkarten kann man in den meisten Hotels erwerben und an zahlreichen anderen Verkaufsstellen, die mit einem rechteckigen schwarzen Aufkleber gekennzeichnet sind. (Ansonsten ist häufig auch der simple Hinweis »payphone cards« zu finden.)
Die Telefonvorwahl für den Oman aus dem Ausland lautet +968, für Dubai wählt man aus dem Ausland die +971 vor.

Trinkgeld

Außerhalb der Hotels wird Trinkgeld in der Regel nicht erwartet.
In den Hotels und den angeschlossenen Restaurants in Dubai ist das Trinkgeld meistens bereits in der Rechnung enthalten und beträgt zwischen 10 und 15 %.
Im Oman ist in den Hotelrestaurants ein Trinkgeld von rund 10 % willkommen. Trinkgelder für Kofferträger oder andere Bedienstete können nach eigenem Gutdünken gegeben werden.

Verkehr

Das Verkehrsnetz im Oman ist gut ausgebaut, dennoch sollte man in jedem Fall Vorsicht walten lassen: Zum einen sind die Straßen in die Wadis teilweise sehr eng und trotzdem zweispurig, sodass immer mit Gegenverkehr zu rechnen ist, zum anderen sind die Beduinen von der Führerscheinpflicht befreit und trotzdem auf den Straßen unterwegs. Mit vernünftigem, vorausschauendem Verkehrsverhalten ist man aber auch in diesen Ländern sicher und gefahrlos unterwegs.

Zeitunterschied

Der Zeitunterschied zwischen dem Oman bzw. Dubai und dem deutschsprachigen Raum beträgt 3 Stunden. Ist es also in Frankfurt 9 Uhr morgens, ruft im Oman der Muezzin. Mit der mitteleuropäischen Sommerzeit verringert sich dieser Zeitunterschied um eine Stunde.

Zoll

Im Oman ist die Einfuhr von Alkohol verboten. Ebenfalls sollte man weder Waffen noch pornografische Zeitungen im Gepäck haben.
Dubai ist zumindest in Sachen Alkohol freizügiger – in begrenzten Mengen: Zuletzt durften bis zu 2 Flaschen hochprozentigen Alkohols eingeführt werden. Regelungen über die Ausfuhr von Waren können am jeweiligen Flughafen eingeholt werden. Sie sollten in jedem Fall ernst genommen werden. Vorher fragen ist im Zweifel besser, als danach aus seinen Fehlern lernen zu müssen.

Register

Impressum

Der Fotograf
Udo Bernhart (Foto) wurde 1956 in Bozen (Südtirol) geboren und lebt heute in Frankfurt. Seit mehr als 30 Jahren arbeitet er als freier Fotograf und Fotojournalist weltweit. In deutschen und internationalen Magazinen hat Udo Bernhart zahlreiche Fotoreportagen veröffentlicht, darüber hinaus ist er Autor von mehr als 50 Bildbänden. Mehr Informationen zu seiner Arbeit gibt es unter: www.udobernhart.de

Der Autor
Zeno von Braitenberg, Jahrgang 1964, lebt in Meran und arbeitet als Redakteur und Moderator für die RAI in Bozen. Als Reporter schreibt er für einige überregionale Zeitungen, als Buchautor für mehrere Verlage. Als Musiker steht er zudem immer wieder auf der Bühne – und als Rhetoriktrainer vor vielen Fragen.

Die Aktualisierung der Texte übernahm Eleonora Psenner, Jahrgang 1984, B.A. Internationale Kommunikation (Universitá per Stranieri, Perugia), M.A. Internationales Event Management (University of Brighton). Sie lebt in Bozen und arbeitet im Bereich Redaktion, Übersetzung und Audiovisuelle Kommunikation.

Bildnachweis
Alle Bilder des Innenteils stammen von Udo Bernhart, außer: Bildagentur Huber: S. 29 (Kaos), 12/13, 28, 136/137 (Mirau, R.), 129 (Gräfenhain), 6/7 (Hallberg), 2/3, 16/17 (Schmid, R.); Dreamstime.com (http://de.dreamstime.com): S. 71 oben; Fotolia (www.fotolia.de): S. 8/9 (crichano), 58 oben (Seemann, A.), 142/143 (Steele, D.); Ministry of Tourism, Sultanate of Oman (Abdruck mit freundlicher Genehmigung; info@omantourism.gov.om): S. 30 oben und unten; Shutterstock (www.shutterstock.com): S. 11 (hainaultphoto); Jürgen Wöhlke: S. 140 oben, 158/159.

Umschlag
Vorderseite: Karawane in der Wahiba-Wüste (Christian Heeb)
Rückseite: Der Burj-al-Arab, eines der höchsten und luxuriösesten Hotels der Welt (Udo Bernhart)

Vorsatz: Innenraum der Sultan-Qabus-Moschee in Maskat
Seite 5: Junge Omani-Frau mit Kopfschmuck
Seite 6/7: Blick auf Maskat am Abend
Nachsatz: Deckengemälde »Das Auge Gottes« an der Holzdecke im Schloss von Dschabrin

Produktmanagement: Joachim Hellmuth, Stephanie Iber
Layout: Werner Poll, Stephansposching
Repro: Repro Ludwig, Zell am See
Umschlaggestaltung: Studio Schübel, München
Kartografie: Astrid Fischer-Leitl, München
Herstellung: Bettina Schippel
Printed in Czechia by FINIDR s.r.o.

Für Hinweise und Anregungen sind wir jederzeit dankbar. Bitte richten Sie diese an:
Bruckmann Verlag
Postfach 40 02 09
D-80702 München
E-Mail: lektorat@bruckmann.de

Die Deutsche Nationalbibliothek verzeichnet diese Publikation in der Deutschen Nationalbibliografie; detaillierte bibliografische Daten sind im Internet auf http://dnb.d-nb.de abrufbar.

Die Originalausgabe erschien 2004 unter dem Titel »Oman-Dubai« im Bruckmann Verlag.

Vollständig aktualisierte und überarbeitete Ausgabe

ISBN 978-3-7654-5646-6

In gleicher Reihe erschienen ...

ISBN 987-3-7654-5645-9

ISBN 987-3-7654-5644-2

ISBN 987-3-7654-5647-3

ISBN 987-3-7654-5643-5

ISBN 987-3-7654-5646-6

ISBN 987-3-7654-5642-8

BRUCKMANN

www.bruckmann.de

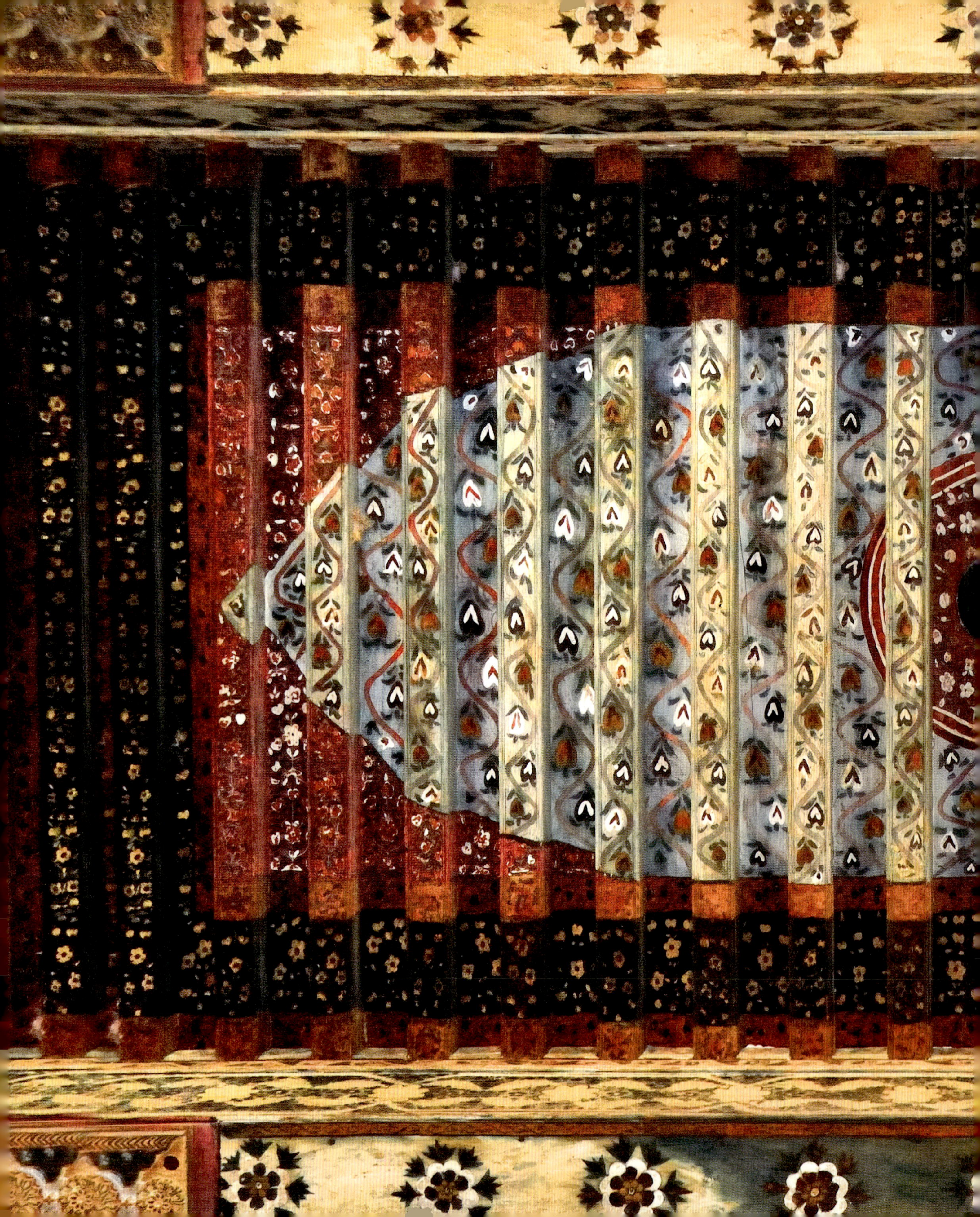